高等职业教育新形态一体化教材
（汽车机电技术系列）

电动汽车构造原理与检修

主编 刘 威 吴 可
参编 宫英伟 陈荣梅 胡海玲
主审 关云霞 谭小锋

机械工业出版社

本书以目前国内具有代表性的北汽新能源汽车车型为主，以吉利、比亚迪、特斯拉部分车型为辅，介绍了电动汽车各系统的构造、原理和检修方法。本书共分为6个项目，分别是项目1电动汽车维修安全操作；项目2电动汽车整车控制系统的结构、原理与检修；项目3电动汽车动力蓄电池系统的结构、原理与检修；项目4电动汽车电机及控制系统的结构、原理与检修；项目5电动汽车充电系统的结构、原理与检修；项目6电动汽车辅助系统的结构、原理与检修。

本书在编者深入电动汽车的维修一线收集、整理各系统的常见故障及维修思路，并对电动汽车进行实际拆解和故障检测的基础上，根据汽车维修职业岗位应掌握的技能和知识要求编排内容，具有较高的实用性和参考价值。

本书可作为高等职业院校新能源汽车技术专业及相关汽车类专业学生的教材，也可作为汽车维修和管理人员的参考书。

本书配有电子课件，凡使用本书作为教材的教师均可登录机械工业出版社教育服务网（www.cmpedu.com）注册后免费下载。咨询电话：010-88379375。

图书在版编目（CIP）数据

电动汽车构造原理与检修/刘威，吴可主编. —北京：机械工业出版社，2020.8（2024.2重印）

高等职业教育新形态一体化教材. 汽车机电技术系列

ISBN 978-7-111-66036-1

Ⅰ. ①电… Ⅱ. ①刘… ②吴… Ⅲ. ①电动汽车-构造-高等职业教育-教材②电动汽车-车辆修理-高等职业教育-教材 Ⅳ. ①U469.72

中国版本图书馆CIP数据核字（2020）第119687号

机械工业出版社（北京市百万庄大街22号　邮政编码100037）
策划编辑：蓝伙金　张双国　责任编辑：张双国　蓝伙金　谢熠萌
责任校对：李　杉　　　　封面设计：鞠　杨
责任印制：单爱军
北京虎彩文化传播有限公司印刷
2024年2月第1版第3次印刷
184mm×260mm·10.25印张·259千字
标准书号：ISBN 978-7-111-66036-1
定价：49.80元

电话服务　　　　　　　　　网络服务
客服电话：010-88361066　　机　工　官　网：www.cmpbook.com
　　　　　010-88379833　　机　工　官　博：weibo.com/cmp1952
　　　　　010-68326294　　金　书　网：www.golden-book.com
封底无防伪标均为盗版　　　机工教育服务网：www.cmpedu.com

前言

　　编者按照新能源汽车人才培养目标及精品课程建设要求，参考国家职业资格标准，邀请企业、行业和一些院校专家对新能源汽车后市场人才需求进行多次研讨，结合编者长期一线教学工作经验制订了本书的设计思路。

　　电动汽车检修是一项实践性很强的工作，需要具有一定的理论知识和实践技能，对于新学习的学生来讲，电动汽车和传统的汽油车有很大的不同。本书的内容以目前国内具有代表性的北汽新能源汽车车型为主，以吉利、比亚迪、特斯拉部分车型为辅，以电动汽车不同的系统检修作为项目和任务，通过本书前两个项目（电动汽车维修安全操作和电动汽车整车控制系统的结构、原理与检修）将其他系统有机串联起来，形成完整的脉络。

　　本书以结合车型主流技术及其检修方法为出发点，按照汽车维修职业岗位应掌握的技能和知识，进行项目式课程教学，对电动汽车的维修知识进行全方位的覆盖。教材共分为6个项目，每个项目内容由若干个任务（客户委托）组成，知识准备按照电动汽车系统的部件或控制功能划分，以保证知识和技能的系统性。本书选取了电动汽车检修的典型工作任务，并从实际维修环节中收集了大量的故障案例进行总结，对学生排除故障具有引导性示范作用，同时也便于教师更好地完成教学。

　　本书在编写的过程中得到了北汽新能源、吉利汽车等电动汽车企业多位专家和技术人员的悉心指导，在此一并对他们表示感谢。

　　本书由刘威、吴可任主编，关云霞、谭小锋任主审，参与本书编写的还有官英伟、陈荣梅、胡海玲等老师。

　　由于编者水平有限，书中错误在所难免，恳请读者批评指正。

编　者

目录

前言
项目 1　电动汽车维修安全操作　……　1
　任务 1　认知电气危害与救助　………　1
　任务 2　认知高压安全操作　…………　9
项目 2　电动汽车整车控制系统的结构、
　　　　原理与检修　………………　22
　任务 1　认知整车控制系统　…………　22
　任务 2　认知整车控制器与其他子系统　………　30
　任务 3　检修整车上、下电系统　……　37
项目 3　电动汽车动力蓄电池系统的
　　　　结构、原理与检修　………　44
　任务 1　更换动力蓄电池内部组件　…　44
　任务 2　检修动力蓄电池　……………　69
项目 4　电动汽车电机及控制系统的结构、
　　　　原理与检修　………………　79
　任务 1　更换驱动电机系统部件　……　79
　任务 2　诊断与排除驱动电机控制系统
　　　　故障　………………………　92
项目 5　电动汽车充电系统的结构、
　　　　原理与检修　………………　102
　任务 1　检修快充系统　………………　102
　任务 2　检修慢充系统　………………　112
　任务 3　检修直流高压转低压系统　…　121
项目 6　电动汽车辅助系统的结构、
　　　　原理与检修　………………　127
　任务 1　诊断制动系统故障　…………　127
　任务 2　诊断冷却系统故障　…………　134
　任务 3　诊断电动助力转向系统（EPS）
　　　　故障　………………………　143
　任务 4　检修电动空调系统　…………　150
参考文献　………………………………　160

项目 1

电动汽车维修安全操作

任务 1 认知电气危害与救助

学习目标

1. 了解电对人体的危害。
2. 懂得基本的触电急救知识。
3. 能够按照电动汽车高压安全操作规程对车辆进行操作。
4. 能正确地使用测量工具对车辆进行检查。
5. 能对电动汽车的高压部分进行绝缘检查。

客户委托：对触电的维修技师进行救助。

任务描述

一名技师在维修电动汽车高压系统时，没有按照安全操作规程进行操作导致触电。作为车间技术员，请你对这名技师进行现场救助。

知识准备

电可能对人体构成多种伤害。例如，电流通过人体，人体直接接受电流能量将遭到电击；电能转换为热能作用于人体，将致使人体受到烧伤或灼伤；人在电磁场范围内，吸收电磁场的能量也会受到伤害等。与其他一些伤害不同，电流对人体的伤害事先没有任何预兆，伤害往往发生在瞬息之间，而且人体一旦遭受电击，防卫能力会迅速降低。这两个特点都增加了电流伤害的危险性。

一、电气事故及原因

由于电气原因而造成的人身伤亡和设备损坏的事故，称为电气事故。电气事故包括人身事故和设备事故。人身事故包括电流伤害、电磁伤害、静电伤害、雷电伤害、电气设备故障造成人身伤害等。设备事故包括短路、漏电、操作事故等。发生人身事故和设备事故大多数是由于违反安全操作规程或安全技术规程造成的。

1. 违章操作

违章操作是引起电气事故的原因之一，例如违反停电检修安全工作制度，因误合闸造成维修人员触电；违反带电检修安全操作规程，使操作人员触及电器的带电部分；带电移动电器设备；用水冲洗或用湿布擦拭电气设备；违章救护他人触电，造成救护者一起触电；对有高压电容器的电路进行检修时未进行放电处理导致触电。

2. 施工不规范

在电气操作中施工不规范也能引起电气事故。例如，误将电源保护接地与零线相接，且插座相线、零线位置接反使机壳带电；插头接线不合理，造成电源线外露，导致触电；电路的中线接触不良或安装熔断器，造成中线断开，导致电器损坏；电路敷设不合规范造成搭接物带电；随意加大熔丝的规格，失去短路保护作用，导致电器损坏；施工中未对电气设备进行接地保护处理，导致触电。

3. 产品质量不合格

使用了不合格的电气产品，也能导致电气事故。例如，电气设备缺少保护设施造成电器在正常情况下损坏和触电；带电作业时，使用不合理的工具或绝缘设施造成维修人员触电；产品使用劣质材料，使绝缘等级、抗老化能力很低，容易造成触电。

二、电流对人体的危害

人碰到带电的导线，电流通过人体就是触电。人体触电后，电流会对人体组织造成不同程度的损伤。触电时，让人体受伤的是电流而不是电压。电流对人体的伤害有3种：电击、电伤和电磁场伤害。电击指电流通过人体，破坏人体心脏、肺及神经系统的正常功能。电伤指电流的热效应、化学效用和机械效应对人体的伤害，主要指电弧烧伤、熔化金属溅出烫伤等。电磁场伤害指在高频磁场的作用下，人会出现头晕、乏力、记忆力减退、失眠、多梦等神经系统的症状。

1. 电击电流的大小及危害

电击是由于电流流过人体而造成的。电流流过人体时，对人体造成的伤害程度与很多因素都有关，例如个体的体质、电流的大小、持续时间等。当人体通过大约0.6mA 的电流就会引起人体麻刺的感觉；通过 50mA 的电流就会有生命危险。流过人体的电流与人体的反应情况见表 1-1。

表 1-1 流过人体的电流与人体的反应情况

流过人体的电流/mA	人体的反应
0.6~1.5	手指开始感觉发麻
2~3	手指感觉强烈发麻
5~7	手指肌肉感觉痉挛,手指感觉灼热和刺痛
8~10	手指关节与手掌感觉痛,手已难以脱离电源
20~25	手指感觉剧痛,迅速麻痹,不能摆脱电源,呼吸困难
50~80	呼吸麻痹,心房开始震颤、强烈灼痛,呼吸困难
90~100	呼吸麻痹,持续 3s 或更长时间后,心脏停搏或心房停止跳动

2. 电流流过人体的路径

电流通过头部可使人昏迷；通过脊髓可能导致瘫痪；通过心脏会造成心跳停止，

血液循环中断；通过呼吸系统会造成窒息。因此，从左手到胸部是最危险的电流路径；从手到手、从手到脚也是很危险的电流路径；从脚到脚是危险性较小的电流路径，但可能因痉挛而摔倒，导致电流通过全身造成二次触电事故。

电流由一手进入，由另一手或一足通出，电流通过心脏，即可立即引起室颤；通过左手触电比通过右手触电严重，因为这时心脏、肺部、脊髓等都处于电路内。

3. 摆脱电流

摆脱电流指人在触电后能够自行摆脱带电体的最大电流。成年男性平均摆脱电流约为16mA；成年女性平均摆脱电流约为10.5mA；儿童的摆脱电流较成人要小。摆脱电流是人体可以忍受而一般不会造成危险的电流。若通过人体的电流超过摆脱电流且时间过长，会造成昏迷、窒息，甚至死亡。

电流对人体的伤害如图1-1所示。在强度范围①内，不论多长时间对人体都无不良影响；在强度范围②内，电流可能会导致器官受伤；在强度范围③内，触电者呼吸困难，不能自主摆脱电极，电流可能会导致生命危险；在强度范围④内，触电者呼吸麻痹，出现心室纤维性颤动，电流会导致生命危险。

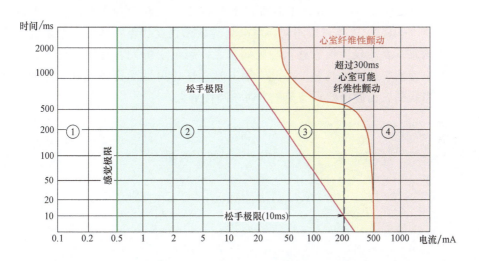

图1-1 电流对人体的伤害

4. 致命电流

在短时间内危及生命的电流为致命电流，其最小电流值即致命阈值。致命电流与电流持续时间关系密切。当电流持续时间超过心脏周期时，致命电流仅为50mA左右；当电流持续时间短于心脏周期时，致命电流为数百毫安。

> 通过人体的电流所引发的后果取决于接触位置电压的大小、电流的大小和电流的持续时间、电流的路径及电流的频率。

5. 交流电对人体的危害

工频交流电的危害性大于直流电，因为交流电主要是麻痹破坏神经系统，往往难以自主摆脱。一般认为40~60Hz的交流电对人最危险。随着频率的增加，危险性将降低。当电源频率大于2000Hz时，所产生的损害明显减小，但高压高频电流对人体仍然是十分危险的。对于交流电，如果电流在心脏的滞留时间超过10ms，就会致命（心室纤维性颤动）！

> 注意：电流的类型不同对人体的损伤也不同。直流电一般引起电伤，而交流电则电伤与电击同时发生。

6. 安全电压

虽然电流是让人受伤的根本原因，但人体可等效成一个电阻，根据欧姆定律（$I=U/R$）可知，流经人体电流的大小与外加电压和人体的电阻有关。

影响人体电阻的因素很多，通常流经人体电流的大小无法事先计算出来，因此为确定安全条件，往往不采用安全电流，而是采用安全电压来进行估算。根据GB 4943.1—2011规定："在干燥条件下，相当于人的一只手的接触面积上，峰值电压高达42.4V或直流电压高达60V的稳态电压，一般不认为是危险电压。" 即小于上述电压值的电压为安全电压。

7. 人体的电阻

人体的电阻是不确定的电阻，皮肤干燥时一般为几千欧姆，而一旦潮湿可降到1kΩ（冬季及皮肤干燥时，人体电阻可达1.5~7kΩ；皮肤裂开或破损时，人体电阻可降至300~500Ω）。人体体质不同，对电流的敏感程度也不一样，一般来说，儿童较成年人敏感，女性较男性敏感。心脏病患者，触电后的死亡可能性更大。身体越强健，受电流伤害的程度越轻。因此，触电时女性比男性受伤害更重，儿童比成人更危险，患病的人比健康的人遭受电击时危险性更大。

课堂练习：

练习：根据图1-2完成问题。

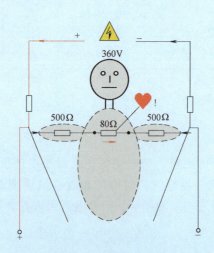

图1-2　360V直流电压造成的电气事故

问题1：在高电压车辆上双手触电时，流经人体的电流是多少？摆脱时间是多少？会发生什么危险？

问题2：在高电压车辆上单手触电时，流经人体的电流是多少？摆脱时间是多少？会发生什么危险？

8. 电击及事故后果

电击对人体会产生电击效应、热效应、化学效应、肌肉刺激效应4种情况。

（1）电击效应　电流低于导通限值时，会有相应的电击反应，从而容易因肢体不受控制和失去平衡而导致受伤。

（2）热效应　电流导入、导出点处会发生烧伤和焦化，也会发生内部烧伤。其结果是导致肾脏负荷过大，甚至造成致命的伤害。

（3）化学效应　血液和细胞液在人体被电击时会成为电解液并被电解，严重的会中毒，中毒情况在几天后才能被发现，因此伤害极大。

（4）肌肉刺激效应　所有的身体功能和人体肌肉运动都是由大脑通过神经系统的电刺激来控制的。如果通过人体的电流过高，肌肉开始抽搐，则大脑将无法控制肌肉组织。例如，握紧的拳头无法打开或者移动。如果电流经过了胸腔，肺会产生痉挛（呼吸停止），心脏的跳动节奏会被中断（心室纤维化颤动，无法进行心脏的收缩和扩张运动）。

三、电弧对人体的危害

当开关电器或断开电路，电压和电流达到一定值时，触头刚刚分离后，触头之间会产生强烈的白光，称为电弧。电弧的实质是一种气体放电现象，电弧放电具有很高的温度。电弧的存在延长了开关电器或断开故障电路的时间，加重了系统短路故障的危害。

电弧产生的高温可以使触头表面熔化和汽化，烧坏绝缘材料。由于电弧在电动力、热力作用下能移动，容易造成飞弧短路和伤人或引起事故的扩大。

四、人体触电的方式

人体触电有直接触电（单相触电、两相触电）和间接触电（跨步电压触电、其他触电形式）两种方式。直接触电指人体直接接触或过分靠近电气设备及电路的带电导体而发生的触电现象。间接触电指人体触及了在正常运行时不带电，而在意外情况下带电的金属部分。其他触电形式还有感应电压触电、剩余电荷触电、静电触电、雷电电击等。

1. 单相触电

单相触电是人体某一部分触及一相电源或接触到漏电的电气设备，电流通过人体流入大地造成的触电。单相触电分为电源中性点接地的单相触电（占多数）和电源中性点不接地的单相触电。图1-3所示为中性点接地系统的单相触电，图1-4所示为中性点不接地系统的单相触电。

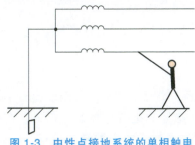

图1-3　中性点接地系统的单相触电

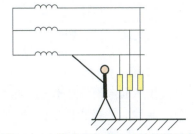

图1-4　中性点不接地系统的单相触电

在人体与大地之间互不绝缘的情况下，人体的某一部位触及三相电源线中的任意一根导线时，电流从带电导线经过人体流入大地就会造成触电伤害。

2. 两相触电

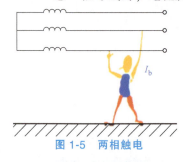

图 1-5　两相触电

两相触电也称为相间触电，指人体与大地绝缘的情况下，同时接触到两根不同的相线，或者人体同时触及电气设备的两个不同相的带电部位时，电流由一根相线经过人体到另一根相线形成闭合回路的触电。两相触电时，人体承受的线电压将比单相触电时高，危险性更大。图 1-5 所示为两相触电。

课堂练习：人体接触 220V 电线会触电，小鸟两脚站在高压线上却无事（图 1-6），这是什么原因？

图 1-6　站在电线上的小鸟

3. 接触不带电的金属体

当电气设备内部绝缘损坏而与外壳接触时，将使其外壳带电，当人触及带电设备的外壳时，相当于单相触电。大多数触电事故属于这一种。

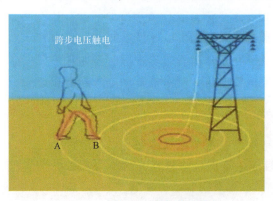

图 1-7　跨步电压触电

跨步电压触电（图 1-7）指高压电网接地点或防雷接地点及高压相线

4. 跨步电压触电

断落或绝缘损坏处有电流流入地下时，强大的电流在接地点周围的土壤中产生电压降，若人跨入这个区域则两脚之间存在电压，电流从接触高电位的脚流进，从接触低电位的脚流出造成触电。如果误入接地点附近，应双脚并拢或单脚跳出危险区。从安全防护的角度，在查找接地故障点时应穿绝缘靴，以防跨步电压电击。

五、电击预防技术

1. 直接接触电击预防

直接接触电击预防技术分为绝缘、屏护和间距 3 类（最常见的安全措施）。

（1）绝缘　绝缘指防止人体触及带电体而用绝缘物把带电体封闭起来。陶瓷、玻璃、云母、橡胶、木材、塑料、布、纸和矿物油等都是常用的绝缘材料。应当注意很多绝缘材料受潮后会丧失绝缘性能或在强电场作用下会遭到破坏而丧失绝缘性能。

绝缘材料的种类包括气体绝缘材料、液体绝缘材料和固体绝缘材料。气体绝缘材料有空气、氮气、氢气、二氧化碳、六氟化硫等。液体绝缘材料有矿物油（如变压器油、开关油、电容器油、电缆油等）、硅油、蓖麻油、十二烷基苯、聚丁二烯、三氯联苯等。固体绝缘材料有绝缘纤维制品（如纸和纸板）、绝缘浸渍纤维制品（如漆、漆布和绑扎带）、绝缘漆、绝缘胶、熔敷粉、绝缘云母制品、电工用薄膜、复合制品和胶带，以及电工用层压制品、电工用塑料和电工用橡胶及玻璃制品等。

绝缘材料的绝缘性能是以绝缘电阻、泄漏电流、击穿强度、介质损耗等指标来衡量，通过绝缘试验来判定的。绝缘电阻是最基本的绝缘性能指标，绝缘电阻值是直流电压与流经绝缘体表面泄漏电流之比，绝缘电阻值越大，绝缘性能越好。不同的电气设备和电路对绝缘电阻有不同的要求指标值，一般来说，高压的比低压的要求高，新设备比老设备要求高。

绝缘材料能承受的电压超过某一数值时，在强电场的作用下会在某些部位发生放电，使其绝缘性能遭到破坏，这种放电现象称为电击穿。固体绝缘材料被击穿后，一般不能恢复绝缘性能；气体绝缘材料在击穿电压消失后，绝缘性能还能恢复；液体绝缘材料的击穿一般是沿电极间气泡、固体杂质等连成的"小桥"击穿。液体绝缘材料被多次击穿可能导致其失去绝缘性能。

（2）屏护　屏护指采用遮栏、护罩、护盖、箱闸等把带电体同外界隔绝开来。电器开关的可动部分一般不能使用绝缘，而需要屏护。高压设备无论是否有绝缘，均应采取屏护。屏护装置有永久性的（如配电装置遮栏、开关的罩盖等），也有临时性的（如检修工作中使用的临时屏护装置和临时设备的屏护装置）；有固定屏护装置（如母线的护网），也有移动屏护装置（如跟随起重机移动的行车滑触线的屏护装置）。

（3）间距　间距就是保证安全的必要距离。间距的设置除能防止触及或过分接近带电体外，还能起到防止火灾、防止混线、方便操作的作用。在低压工作中，最小检修间距不应小于0.1m。间距的大小取决于电压的高低、设备的类型和安装的方式等因素。

2. 电击防护用具

电击防护用具包括绝缘手套、绝缘靴、绝缘服、护目镜、绝缘工具（图1-8）。绝缘工具的选用要根据操作的高压范围确定。

图1-8　绝缘手套、绝缘靴、绝缘服、护目镜、绝缘工具实物

图 1-8　绝缘手套、绝缘靴、绝缘服、护目镜、绝缘工具实物（续）

> 课堂练习：请说出在维修电动车辆时，应采取的保护措施有哪些。

六、电击事故急救

在进行维修操作时，如果有人受到了电击，要及时对受伤人员进行救助。援救电气事故中的受伤人员时，应谨记：自身的安全是第一位的！绝对不要直接触碰仍然与电气系统有接触的人员！如果可能，马上将电气系统断电（关闭点火开关或者马上拔出维修插头）！用不导电的物体（木板、扫帚把等）把事故受害者或者导电体与电气系统分离。图 1-9 所示为救助受电击人员的流程。

触电伤员呼吸和心跳均停止时，应立即按心肺复苏法支持生命的基本措施，正

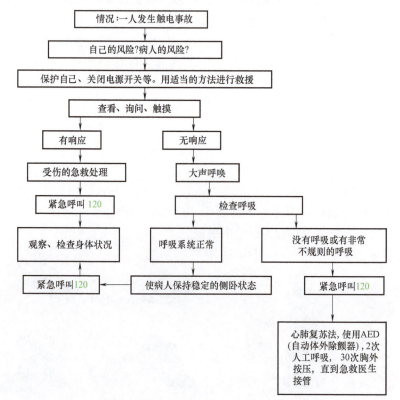

图 1-9　救助受电击人员的流程

确进行就地抢救。就地抢救的项目包括：通畅气道；口对口（鼻）人工呼吸；胸外按压（人工循环）；用除颤仪进行电除颤。

心脏通过心肺复苏法 2 次人工呼吸和 30 次胸外按压可维持氧气供应，持续进行心肺复苏直到急救人员到达。自动体外除颤器（AED）是一种电池供电的设备，可独立提供伤者的心电图（ECG），并在适当情况下进行除颤。越早使用 AED，触电伤员的生存机会越大。

任务 2　认知高压安全操作

学习目标

1. 了解电动汽车的高压保护措施。
2. 能够正确识别电动汽车的高压部件。
3. 能够正确地使用高压检测工具。
4. 掌握基本维修操作规程。
5. 掌握对高压部分绝缘检查和互锁检查的方法。

客户委托：按照正确的操作规程对车辆进行检查。

任务描述

一辆北汽 EV200 电动汽车仪表板高压系统故障警告灯亮，车辆不能行驶。作为一名维修技师要对此车进行维修，请你按照正确的操作规程对车辆进行检查。

知识准备

一、电动汽车的电气防护

在电动汽车上由于存在高压电，为了保证驾驶和维修安全，必须进行必要的电气防护。防护的措施主要有：高压正极和高压负极使用各自单独的高压线；系统带有等电位线，用于引开接触电压；插头和连接均有接触保护；蓄电池上有可控的高压正极触点和高压负极触点；高压蓄电池上安装有维修插头，在拔下维修插头后高电压断电或电压下降；采用电绝缘式 DC/DC 变换器；高压部件内的中间电容器会进行放电；高压元件上有互锁安全线；高压元件采用绝缘监控；在识别出碰撞时，蓄电池上的高压触点就会断开。

1. 高压电气网络防护

对于电动汽车的高压部分，电气网络结构决定了从供电器（如高压蓄电池）到用电器（如电机）的电能传输路径。图 1-10 所示为一般的电气网络结构类型。电气网络的结构说明见表 1-2。

对于 TN 网络系统和 TT 网络系统（图 1-11），如果从正极到壳体的导线出现故障，那么无论当前行驶状态是什么，高压系统都会立即被断电。

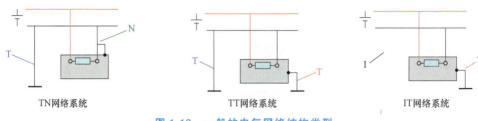

图1-10 一般的电气网络结构类型

表1-2 电气网络的结构说明

第一个字母表示供电器是否与车身连接	第二个字母表示壳体与车身是否连接
T 表示是,已连接	N 表示否,但与起保护作用的不带电搭铁线连接
I 表示否,绝缘的	T 表示是,以电位补偿方式(等电位)连接

车辆中所用的高压网络是一种IT网络系统,如图1-12所示。对于IT网络系统,由于高压电有单独的回路,与壳体绝缘,所以就不会有电流经车身流向蓄电池负极。IT网络系统的优点是如果从正极到壳体的导线出现故障,IT网络系统不会被断电。

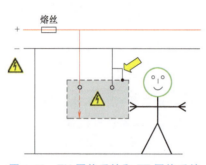

图1-11 TN网络系统和TT网络系统

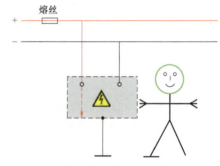

图1-12 IT网络系统

IT网络系统出现等电位连接故障(图1-13)的情况:第1个故障在车上出现时,系统仍能工作,有警告信息;第2个故障出现时,车辆管理系统会将高压系统切断(断电),同时系统内会短路,功率电子装置内和维修插头内的熔丝会断开,组合仪表上会有警告信息,高压系统无法工作,也无法重新启动。

IT网络系统出现非等电位连接故障(图1-14)的情况:第1个故障无安全风险,第2个故障电流可能会流经全身。电流的路径:正极电路→第1个用电器壳体→人体→第2个用电器壳体→负极电路。

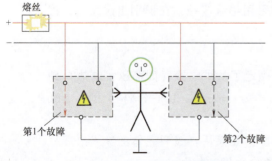

图1-13 IT网络系统出现等电位连接故障

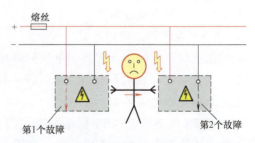

图1-14 IT网络系统出现非等电位连接故障

等电位（电位均衡）保护要求所有接触面应洁净且无油脂，导线截面不可因电缆断裂而减小。如果接触电阻变大或电缆断裂时电阻增加了，在出现故障时，等电位就可能无保护作用了。

2. 高压电缆防护

高压正极和高压负极使用各自单独的高压线（高压电缆）。高压正极和高压负极通过各自单独的导线与高压部件相连接，车身不用做搭铁（接地）。电动汽车的高压电缆一般是橙色的。某电动汽车单芯高压电缆的结构如图 1-15 所示，双芯高压电缆的结构如图 1-16 所示。

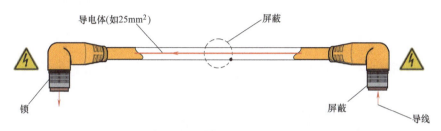

图 1-15　某电动汽车单芯高压电缆的结构

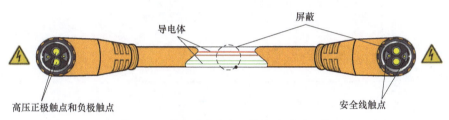

图 1-16　某电动汽车双芯高压电缆的结构

3. 插头的接触保护和插座的接触保护

电动汽车的高压插头和插座都具有特殊的结构形式。某电动汽车高压插头的结构如图 1-17 所示，高压插座的结构如图 1-18 所示。

图 1-17　某电动汽车高压插头的结构

图 1-18　某电动汽车高压插座的结构

4. 维修开关

某些电动汽车上安装有维修开关，在维修时将插头拔下，可保证维修时断开高压电。拔下维修插头，安全互锁线就断开了，动力蓄电池内部的回路就断开了。某电动汽车动力蓄电池内部维修插头电路和维修插头的熔断器实物如图 1-19 所示。

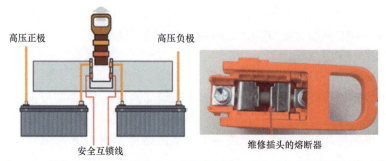

图 1-19　某电动汽车动力蓄电池内部维修插头电路和维修插头的熔断器实物

5. 高压系统的高压互锁

高压互锁安全回路是个闭环，通过低压电网来监控高压电网。如果安全互锁线断路，会导致高压系统立即被切断，对高压系统进行保护。某车型高压互锁回路如图 1-20 所示。

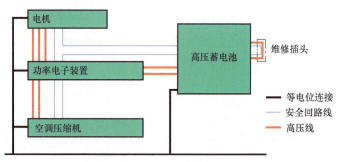

图 1-20　某车型高压互锁回路

6. DC/DC 变换器内的安全防护

电气分离装置会将 DC/DC 变换器的一次绕组和二次绕组分离开，与车身搭铁的连接仍是接在 12V 车载供电网络上，因此，一次绕组和二次绕组之间不会有电压。某车型 DC/DC 变换器内的安全防护原理如图 1-21 所示。

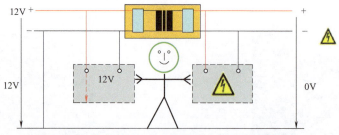

图 1-21　某车型 DC/DC 变换器内的安全防护原理

7. 电容器放电

某些电动汽车在电机控制器或功率电子装置内安装有电容器，电容器具有放电作用。通过放电可以消除功率电子装置内电容器上的残余电压。主动放电是由电动汽车的管理系统来操控的，每次切断高压系统或者中断控制线，都会发生这种主动放电过程。被动放电是为了保证在把高压部件拆卸下的情况下可以把残余电压消除掉。为了能把残余电压可靠地消除掉，在拔下维修插头后，需要等待一段时间才可以开始高压部件的检修工作。

二、电动汽车维修的安全操作规程

电动汽车维修人员须具备一定的资质，遵守一定的安全操作规程。

1. 维修电动汽车人员的资质

维修电动汽车的人员必须参加过厂家的电气培训，经过授权才能检修有高压系统的车辆，并负责给车辆做标识和工作场所的防护。维修人员必须是获得国家电工作业资格，参加过电动汽车高压系统维修的资格培训（电动汽车，燃料电池电动汽车），获得厂家认可的可以执行电动汽车高压系统维修工作的机电维修人员。

2. 车辆标识和工作区安全

维修车间内配备有高压装置的车辆，必须做上标识，使用专用的警示标牌，工作区必须防止其他人员进入。某品牌电动汽车维修工作区如图 1-22 所示。

3. 高压系统维修的操作规程

在检查或维修高压系统时，应遵循以下安全措施：关掉点火开关（置于 OFF 位置）；断开低压蓄电池负极端子；戴好绝缘手套；拆除维修塞；等待 10min 或更长时间以保证高压电气电容器放电；用绝缘乙烯胶带包裹被断开的高压电路插接器。

图 1-22　某品牌电动汽车维修工作区

4. 检查绝缘手套的方法

在使用绝缘手套前，请确认是否有裂纹、磨损以及其他损伤。侧位放置手套，卷起手套边缘，然后松开 2~3 次，折叠一半开口封住手套，确认无空气泄漏，则证明绝缘手套完好。绝缘手套的检查方法如图 1-23 所示。

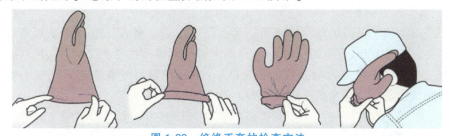

图 1-23　绝缘手套的检查方法

5. 检修高压系统时的注意事项

在检修高压系统时应注意以下事项：所有橙色的线均带高电压，可能危及生命；不得将喷水软管和高压清洗装置直接对准高压部件；高压插头上不可使用机油、润滑脂和触点清洗剂等；在高压导电部件附近进行检修工作时，必须先让系统断电；在进行焊接、用切削工具加工以及用尖锐工具进行操作时，必须先让系统断电；所有松开了的高压插头必须严防进水和污物；损坏的导线必须予以更换；佩带有电子/医学生命和健康维持装置（如心脏起搏器）的人不得检修高压系统（包括点火系统）；必须使用合适的测量仪器；检修进水的高压系统时要非常小心，潮湿的部件是非常危险的。

6. 恢复系统运行

电动汽车维修完毕后，要由有资质的技师恢复系统运行：目视检查所有的高压连接以及高压系统的接插口和螺纹连接是否都正确锁止；目视检查所有高压电缆是否都无法被触碰到；目视检查是否电压平衡、电缆清洁且无法被触碰到；插入维修插头并把它锁闭。恢复系统运行后，应打开点火开关读取所有系统的故障码；把"高压系统已关闭"的警示标签从车辆上移除；在车辆显眼的位置贴上"高压系统已激活"的警示标签。

三、电动汽车高压系统的结构及功能介绍

在电动汽车上，有高压动力蓄电池和一些高压电气部件。在北汽 EV200 汽车的前机舱布置着电机控制器、高压控制盒、DC/DC 变换器等高压部件（图 1-24）和低压蓄电池、整车控制器等低压部件。

图 1-24　北汽 EV200 汽车前机舱的高压电气布置

1. 集成式控制器

很多电动汽车将高压部件集成在一起，例如比亚迪秦 EV300 汽车采用集成式电机控制器，即 AC/DC 充电机（该充电机的作用是为辅助蓄电池充电）、DC/DC 充电机（该充电机的作用是为动力蓄电池充电）、电机控制器等模块均集成在一个壳体内。集成式控制器外观及高压线束如图 1-25 所示。

图 1-25　集成式控制器外观及高压线束

2. 动力蓄电池系统

动力蓄电池系统主要由动力蓄电池模组、蓄电池管理系统、动力蓄电池箱及辅助元器件4部分组成。系统内部设置有动力蓄电池管理器和温度、电压传感器。因为蓄电池有温度和电压的限制要求，所以动力蓄电池里需要有温度和电压传感器对数据进行采集，然后将数据传给动力蓄电池管理器进行判断。某混合动力汽车动力蓄电池系统结构如图1-26所示。

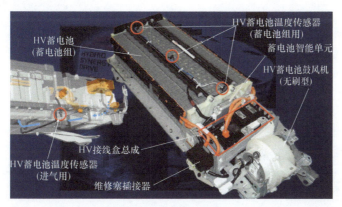

图 1-26　某混合动力汽车动力蓄电池系统结构

3. 驱动电机

电机是电动汽车的能量转换装置，是高压电气部件。电机通过电机控制器将电能转化为机械能，驱动整车行驶。电机还要实现能量回收功能。车辆滑行或制动时，车轮反拖电机转动，在这个工况下，电机可进行发电并将电能回收到蓄电池中，以此延长车辆的续驶里程。

4. 电机控制器

电机控制器将动力蓄电池提供的直流电转换为交流电，然后输出给电机；通过电机的正转来实现整车加速、减速；通过电机的反转来实现倒车；通过有效的控制策略，控制动力总成以最佳方式协调工作。电机控制器对所有的输入信号进行处理，并将驱动电机控制系统运行状态的信息发送给整车控制器。图1-27所示为某车型永磁同步电机控制器的外观和铭牌。

5. 车载充电机

电动汽车都配有车载充电机，用于对动力蓄电池充电。车载充电机连接车辆的交流充电口（慢充口）。车载充电机一般具有通信功能，收到允许充电信号后，将输入220V交流电，经过整流滤波后，通过升压电路和降压电路输出合适的电压和电流给动力蓄电池充电。图1-28所示为某车型车载充电机的外观和布置。

6. DC/DC 变换器

DC/DC变换器是将某一直流电源电压转换成任意直流电压的变换器。其主要功能是在车辆起动后将动力蓄电池输入的高压电转变成低压（12V）电后向蓄电池充电，以保证行车时低压用电设备正常工作。由于DC/DC变换器相对功率较小，常与其他高压电器部件集成布置。

7. 高压控制盒

高压控制盒的功能是完成动力蓄电池电源的输出及分配，实现对支路用电器的保护及切断。有些电动汽车将高压控制盒的功能集成到电机控制器中。高压控制盒中一般会有高压部件的熔断器,例如空调、DC/DC 变换器或 PTC 加热电阻的熔断器。

图 1-27　某车型永磁同步电机控制器的外观和铭牌

图 1-28　某车型车载充电机的外观和布置

8. 整车控制器

整车控制器的主要功能是判断驾驶人操纵意愿,根据车辆行驶状态和蓄电池与电机系统的状态合理分配动力,使车辆运行在最佳状态。

9. 电动空调系统

空调系统主要由制冷系统和暖风系统两部分组成。制冷系统由高压电动空调压缩机、冷凝器总成、蒸发器等组成;暖风系统主要的加热元件为 PTC 加热电阻。电动空调系统的工作由整车控制器(VCU)、电动压缩机控制器和 PTC 控制模块共同控制。

四、使用绝缘电阻测试仪对车辆进行绝缘检查

1. 绝缘电阻测试仪的功能

通常检查是否绝缘的工具是绝缘电阻测试仪。绝缘电阻测试仪分为数字式和指针式两种(图 1-29)。

某品牌绝缘电阻测试仪按键及说明如图 1-30 所示。

图 1-29　数字式和指针式绝缘电阻测试仪

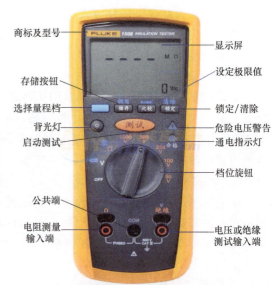

图 1-30　某品牌绝缘电阻测试仪按键及说明

2. 使用绝缘电阻测试仪的注意事项

使用绝缘电阻测试仪时应注意：严格按照测试仪手册的规定使用，否则可能会破坏测试仪提供的保护措施；在将测试仪与被测电路连接之前，选用正确的端子、开关位置和量程档；用测试仪测量已知电压来验证测试仪操作是否正常；在端子之间或任何一个端子与接地点之间施加的电压不能超过测试仪上标明的额定值；测42V AC（交流）峰值或60V DC（直流）以上时应格外小心，这些电压有造成触电的危险；当出现蓄电池低电量指示符时，应尽快更换蓄电池；在测试电阻、二极管、电容器或测试导通性以前，必须先切断电源，并将所有的高压电容器放电；切勿在爆炸性的气体或蒸气附近使用测试仪；使用测试导线时，手指应保持在保护装置的后面。

3. 使用绝缘电阻测试仪测量绝缘高压线束的绝缘性能

使用绝缘电阻测试仪测量绝缘电阻的方法如图 1-31 所示。

1）将测试表笔分别插入测试仪 V 和 COM（公共）输入端子。
2）将旋转开关旋至所需要的测试电压档。
3）将表笔与待测电路连接，测试仪会自动检测电路是否通电。
4）按住测试（TEST）按钮开始测试。

辅显示位置上显示被测电路上所施加的测试电压。主显示位置上显示高压符号（Z）并以 MΩ 或 GΩ 为单位显示电阻，显示屏的下方出现测试图标，直到释放测试按钮。当阻值超过最大显示量程时，测试仪显示>符号以及当前量程的最大电阻。

5）将表笔留在测试点上，然后释放测试按钮，被测电路即开始通过测试仪放电。

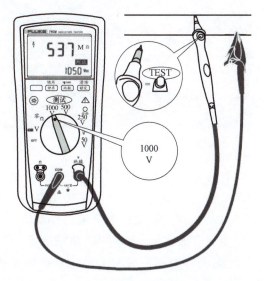

图 1-31 使用绝缘电阻测试仪测量绝缘电阻的方法

测量导线或线束时测试仪的两支表笔分别接线束的端子和绝缘层。

小练习：

1. 如果电动汽车蓄电池的电压为326V，那么蓄电池的线束绝缘电阻的标准至少为多少欧姆？

2. 根据图 1-32 对高压线束不同部位进行绝缘检测，测量电压为 500～1000V 的直流电压。测量点有：①屏蔽与内部导线；②屏蔽与车辆的搭铁端；③内部导线与车辆的搭铁端。

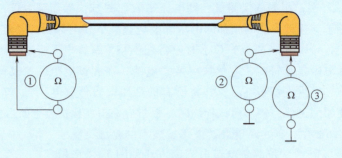

图 1-32　对高压线束不同部位进行绝缘检测

五、使用钳形电流表测试电流

在对电动汽车进行检查时，有时会用到钳形电流表。钳形电流表使用非常方便，无须断开电源和电路即可直接测量运行中电力设备的工作电流，便于及时了解设备的工作电流及设备的运行状况。钳形电流表的外观如图 1-33 所示。

图 1-33　钳形电流表的外观

在使用钳形电流表时，应根据电流的种类、电压等级正确选择钳形电流表，被测电路的电压要低于钳形电流表的额定电压；测量高压电路的电流时，应选用与其电压等级相符的高压钳形电流表；查看钳形电流表的外观情况，一定要仔细检查表的绝缘性能是否良好，绝缘层有无破损，手柄是否清洁干燥；若表的指针没在零位，应进行机械调零；钳形电流表的钳口应紧密接合，若指针晃动，可重新开闭一次钳口。

使用钳形电流表测试电流的步骤及注意事项如下：

1) 使用时应按紧扳手，使钳口张开，将被测导线放入钳口中央，然后松开扳手并使钳口闭合紧密。钳口结合时如果有杂声，应重新开闭一次；如果仍有杂声，应处理接合面，以使读数准确。另外，不可同时钳住两根导线。读数后，将钳口张开，将被测导线退出，将档位置于电流最高档或 OFF 档。

2) 钳形电流表要接触被测电路,所以钳形电流表不能测量裸导体的电流。用高压钳形电流表测量时,应由两人操作,测量时应戴绝缘手套,站在绝缘垫上,不得触及其他设备,以防止短路或接地。

3) 测量时,身体应与带电体保持安全距离。测量高压电缆各相电流时,电缆头线间距离应大于300mm,且绝缘良好。观测读数时,要特别注意保持头部与带电部分的安全距离,人体任何部分与带电体的距离不得小于钳形电流表的整个长度。图1-34所示为钳形电流表测量交流电时正确的和错误的使用方法。

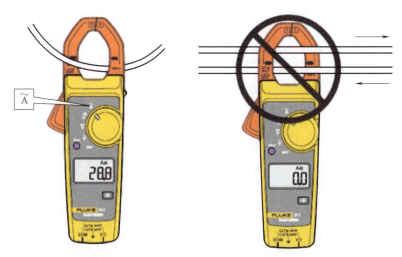

图1-34 钳形电流表测量交流电时正确的和错误的使用方法

六、通过断电检查判断故障

下面以大众车型为例,介绍在断电之后如何检查断电情况。图1-35所示为大众车型断电检查工具。

1. 在蓄电池处检测断电

图1-36所示为在蓄电池处检测断电的示意图。图1-36中电压表的读数若与电压表开路时相同,则能够确认高压蓄电池断电。

2. 在高压蓄电池负极和搭铁端之间检测断电

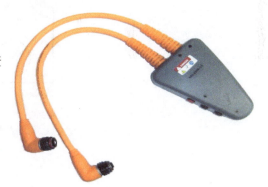

图1-35 大众车型断电检查工具

图1-37所示为在高压蓄电池负极和搭铁端之间检测断电的示意图。图1-37中电压表的读数应为0V。如果在测量中电压出现更高的值,那么在高压蓄电池正极和搭铁之间存在搭铁故障或者短路故障。

在高压蓄电池正极和搭铁端之间检测断电与高压蓄电池负极和搭铁端之间检测断电的情况类似。

3. 在转换器的蓄电池连接处检测断电

图1-38所示为在转换器的蓄电池连接处检测断电的示意图。观察图1-38中电压表的读数是否低于7V。打开点火开关再关闭,重新测量,点火开关的转换会导致中间电路电容器的放电。再次观察测量值是否低于7V。如果在测量中电压出现更高的值,那么表明中间电路电容器放电没有完成或者转换器有故障。

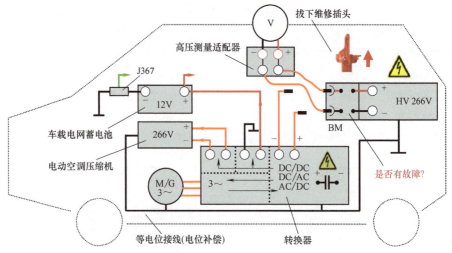

图 1-36　在蓄电池处检测断电的示意图

J367—蓄电池监控控制单元　M/G3—电机

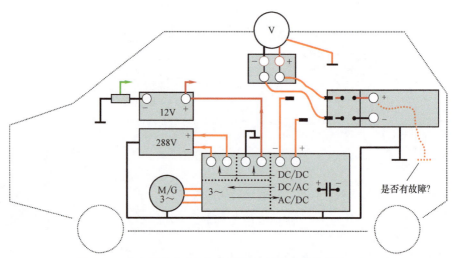

图 1-37　在高压蓄电池负极和搭铁端之间检测断电的示意图

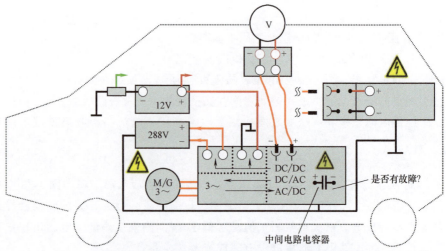

图 1-38　在转换器的蓄电池连接处检测断电的示意图

七、高压互锁的检查

高压互锁回路（High Voltage Interlock Loop，HVIL）的功能是在高压上电前确保整个高压系统的完整性，使高压在一个封闭的环境下工作，提高安全性；当整车在运行过程中高压系统回路断开或者完整性受到破坏时，启动安全防护；防止带电插拔高压插接器给高压端子造成拉弧损坏。图1-39所示为某车型的高压互锁回路。

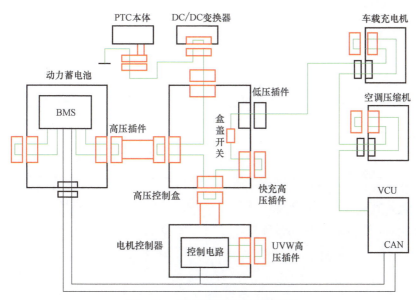

图1-39　某车型的高压互锁回路

引起高压互锁回路故障的原因通常为某个高压插件未插或未插到位，例如PTC本体、DC/DC变换器、高压控制盒、车载充电机、空调压缩机高低压插件未插。图1-40所示为高压插件互锁端子缺失和高压插接器未插到位。

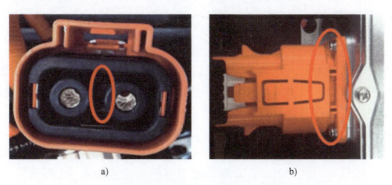

图1-40　高压插件互锁端子缺失和高压插接器未插到位
a）互锁端子缺失　b）插接器未插到位

项目 2
电动汽车整车控制系统的结构、原理与检修

任务 1　认知整车控制系统

学习目标

1. 熟悉整车控制系统的组成和功用。
2. 了解北汽故障诊断仪的使用方法。
3. 会进行常见典型故障的诊断与排除。

客户委托：更换整车控制器。

任务描述

王师傅使用电动汽车专用故障诊断仪读取车辆故障信息，却发现诊断仪无法与车辆连接，他该怎样来排除这一故障呢？

知识准备

一、整车控制系统的组成

整车控制系统是电动汽车的重要组成部分，承担着对电动汽车的总体控制功能，对电动汽车的动力性、经济性、安全性和舒适性等有很大的影响。整车控制系统必须具有可靠性、容错性、电磁兼容性和环境适应性等，以保障纯电动汽车整车的安全、可靠运行。

纯电动汽车的整车控制系统通常包含低压电气系统、高压电气系统和整车网络化控制系统 3 部分。一般纯电动汽车整车控制系统的组成如图 2-1 所示。

低压电气系统主要由辅助蓄电池和若干低压电器设备组成，低压电气系统采用直流 12V 或 24V 电源，一方面为灯光、刮水器等车辆的常规低压电器供电，另一方面为整车控制器、高压电气设备的控制电路和辅助部件供电。燃油汽车与纯电动汽车的低压电气控制系统的主要区别在于：燃油汽车的蓄电池由与发动机相连的发电机来充电，而纯电动汽车的辅助蓄电池由动力蓄电池通过 DC/DC 变换器来充电。

高压电气系统主要由动力蓄电池、驱动电机和功率变换器等大功率、高电压的电气设备组成，它根据车辆行驶的功率需求完成从动力蓄电池到驱动电机的能量变

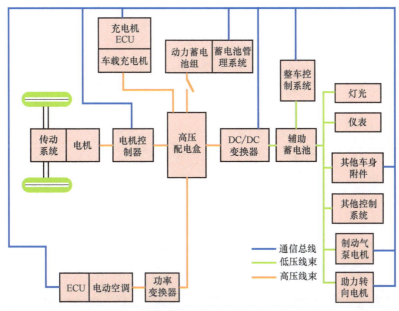

图 2-1 一般纯电动汽车整车控制系统的组成

换与传输过程。

整车网络化控制系统主要包括整车控制器、电机控制器、蓄电池管理系统、车身控制管理系统、信息显示系统和通信系统等。整车控制器是整车控制系统的核心，它承担了数据交换与管理、故障诊断、安全监控、驾驶人意图解析等功能。各子系统之间的信息传递通过网络通信系统实现，目前常用的通信协议是 CAN 协议，它具有较好的可靠性、实时性和灵活性。

二、整车控制器的主要功能

纯电动汽车整车控制器的主要功能包括：整车控制模式判断和驱动控制、整车能量优化管理、整车通信网络管理、制动能量回馈控制、故障诊断和处理、车辆状态监测与显示等。某车型整车控制器功能框图如图 2-2 所示。整车控制器通过 CAN 总线和 IO 端口来获得如加速踏板位置、蓄电池状态、车速等信息，并根据这些信息输出不同的控制。

1. 整车控制模式判断和驱动控制

整车控制器通过各种状态信息（起动钥匙位置、充电信号、加速/制动踏板位置、当前车速和整车是否有故障信息等）来判断当前需要的整车工作模式（充电模式和行驶模式），然后根据当前的参数和状态及前一段时间的参数及状态算出当前车辆的转矩能力，按当前车辆需要的转矩计算出合理的最终实际输出的转矩。例如，当驾驶人踩下加速踏板时，整车控制器向电机控制单元发送电机输出转矩信号，电机控制系统控制电机按照驾驶人的意图输出转矩。

2. 整车能量优化管理

纯电动汽车有很多用电设备，包括电机和空调设备等。整车控制器可以对能量进行合理优化来提高纯电动汽车的续驶里程。例如，当动力蓄电池组电量较低时，整车控制器发送控制指令关闭部分起辅助作用的电气设备，将电能优先用于保证车

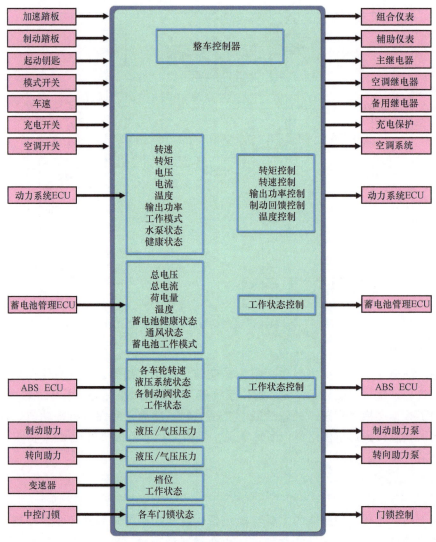

图 2-2 某车型整车控制器功能框图

辆的安全行驶。

3. 整车通信网络管理

在整车的网络管理中，整车控制器是信息控制的中心，负责信息的组织与传输、网络状态的监控、网络节点的管理、信息优先权的动态分配以及网络故障的诊断与处理等，通过 CAN（EVBUS）线协调蓄电池管理系统、电机控制器、空调系统等模块相互通信。某车型整车网络管理系统组成如图 2-3 所示。

4. 制动能量回馈控制

电动汽车的电机可以工作在再生制动状态，能否对制动能量进行回收利用是电动汽车和传统能源汽车的重要区别。整车控制器根据行驶速度、驾驶人制动意图和动力蓄电池组状态（如蓄电池荷电状态，即 SOC 值）进行综合判断后，对制动能量回馈进行控制。如果达到回收制动能量的条件，整车控制器会向电机控制器发送控制指令，使电机工作在发电状态，将部分制动能量储存在动力蓄电池组中，提高车辆能量利用效率。

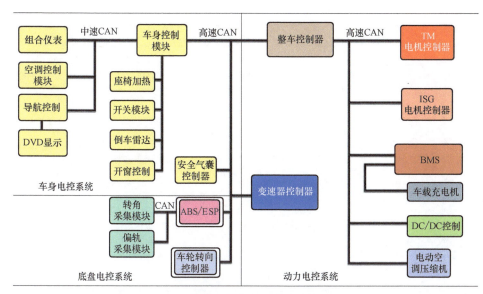

图 2-3 某车型整车网络管理系统组成

制动能量回馈的原则：1）制动能量回收不应该干预 ABS 的工作；2）当 ABS 进行制动力调节时，制动能量回收不应该工作；3）当 ABS 报警时，制动能量回收不应该工作；4）当电驱动系统有故障时，制动能量回收不应该工作。

5. 故障诊断和处理

整车控制器能连续监测整车电控系统，进行故障诊断，并及时进行相应安全保护处理；根据传感器的输入及其他通过 CAN 总线通信得到的电机、蓄电池、充电机等的信息，对各种故障进行判断、等级分类、警告显示；存储故障码供维修时查看。故障指示灯能指示出故障类型和部分故障码。对于不太严重的故障，电动汽车能做到"跛行回家"。

6. 车辆状态监测和显示

整车控制器能够对车辆的状态进行实时检测，并且将各个子系统的信息发送给车载信息显示系统，其过程是通过传感器和 CAN 总线检测车辆状态，将状态信息和故障诊断信息通过数字仪表显示出来。显示内容包括：车速、里程、电机的转速、温度、蓄电池的电量、电压、电流、故障信息等。

三、整车控制系统故障诊断与处理

1. 故障分级

整车控制系统根据电机、蓄电池、EPS、DC/DC 变换器等零部件故障，整车 CAN 网络故障及整车控制器硬件故障进行综合判断，确定整车的故障等级并进行相应的控制处理。一般将电动汽车的故障分为四级，故障分级及处理见表 2-1。

表 2-1 故障分级及处理

等级	名称	故障后处理	故障列表
一级	致命故障	紧急断开高压	MCU 直流母线过电压故障、BMS 一级故障

（续）

等级	名称	故障后处理	故障列表
二级	严重故障	二级电机故障（零转矩），二级蓄电池故障，20A放电电流限功率	MCU相过电流、IGBT、旋转变压器等故障；电机节点丢失故障；档位信号故障
三级	一般故障	跛行	加速踏板信号故障
		降功率	MCU电机超速保护
		限功率（<7kW）	跛行故障、SOC<1%、BMS单体欠电压、内部通信故障、硬件故障等二级故障
		限速（<15km/h）	低压欠电压故障、制动故障
四级	轻微故障	只仪表显示，四级故障属于维修提示，但是VCU不对整车进行限制 四级能量回收故障，仅停止能量回收，行驶不受影响	MCU电机系统温度传感器故障、直流欠电压故障；VCU硬件、DC/DC变换器异常等故障

2. 警告指示灯符号解释

当整车控制器在对自身及各子系统进行监测过程中发现故障问题时将会使仪表中相应指示灯亮。电动汽车常见故障灯说明见表2-2。

表2-2 电动汽车常见故障灯说明

指示灯	名称	异常闪烁	常亮	工作条件
	12V蓄电池充电故障警告灯	—	DC/DC变换器未工作，或12V蓄电池电压异常，或DC/DC变换器故障	信号为总线信号，来自VCU，ON
	系统故障灯	仪表丢失VCU报文	车辆发生动力系统故障	信号为总线信号，来自VCU，ON
	充电线连接指示灯	—	充电枪连接至充电口	信号为硬线信号，来自VCU，ON/OFF
	制动故障警告灯	仪表丢失ABS报文	制动系统故障，或制动液位低，或EBD故障	信号为硬线信号，来自VCU和ABS(BCM)，ON
	电机故障警告灯	—	电机系统故障	信号为总线信号，来自VCU，ON
	高压断开警告灯	—	高压动力系统未起动	信号为总线信号，来自VCU，ON
	动力蓄电池故障警告灯	—	动力蓄电池发生故障	信号为总线信号，来自VCU，ON
	ABS故障警告灯	仪表失去ABS信号	ABS故障	信号为总线信号，来自ABS(BCM)，ON
	驱动电机过热警告灯	—	驱动电机系统过热	信号为总线信号，来自VCU，ON

3. 电动汽车 OBD 接口定义

车载诊断（On-Board Diagnostic, OBD）系统在电动汽车出现故障时将故障信息存入存储器，维修人员通过标准的诊断仪器和诊断接口即可以故障码的形式读取相关信息，根据故障码的提示迅速、准确地确定故障的性质和部位。某电动汽车 OBD 接口及诊断接口各端子定义分别如图 2-4 和图 2-5 所示。

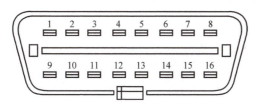

图 2-4　某电动汽车 OBD 接口

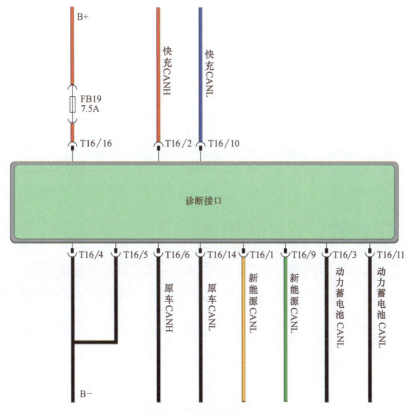

图 2-5　某电动汽车诊断接口各端子定义

4. 北汽新能源电动汽车专用故障诊断仪的使用方法

北汽新能源电动汽车专用故障诊断仪能与多种车型匹配，能对多个子系统进行诊断，具有多种诊断能力，能对主要功能部件进行测试，且能对系统进行标定和程序更新。该专用故障诊断仪的使用方法如下：

1）连接专用故障诊断仪后进入诊断界面（图 2-6）。
2）选择北汽新能源（图 2-7）。
3）选择诊断程序版本号（图 2-8）。
4）选择被诊断车辆品牌和车型（图 2-9）。

图 2-6　诊断界面　　　　　　　　图 2-7　品牌选择

图 2-8　诊断程序版本号　　　　　图 2-9　选择车辆品牌和车型

5）进行系统选择（图 2-10）或快速测试（图 2-11）。

6）根据测试结果浏览故障码（图 2-12）。

图 2-10　系统选择　　　　　　　图 2-11　快速测试

7）读取数据流（图 2-13）。

8）读取数据冻结帧（图 2-14）。

9）使用结束后，如果有故障码则清除故障码（图 2-15）。

5. 故障诊断仪无法与车辆通信的故障诊断与排除

诊断仪无法与车辆通信的原因主要有整车控制器不工作、OBD 接口不正常、OBD 接口与 VCU 的 CAN 总线线束不正常。

图2-12 浏览故障码

图2-13 读取数据流界面

图2-14 读取数据冻结帧界面

图2-15 清除故障码

1)检查整车控制器(VCU)的供电是否正常。根据某车型整车控制器(VCU)的供电电路(图2-16),使用万用表检查其供电是否正常,包括ON档电、常电;如果不正常,则需要检查低压电气盒中VCU的熔断器导通是否正常。

2)检查OBD接口。根据诊断接口各端子电气连接,使用万用表检查OBD接口端子Pin16与端子Pin4是否有12V供电电压,如果没有,则查相应熔断器和线束。

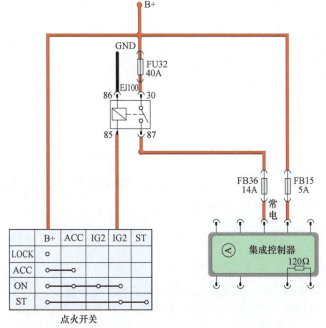

图2-16 某车型整车控制器(VCU)的供电电路

3）检查 CAN 总线。OBD 接口端子 Pin1 与端子 Pin9 是否有 60Ω 左右的阻值，若无则检查相应 CAN 总线线束。

4）如果以上都正常，更换全新的整车控制器。

6. 整车控制器的更换

某车型整车控制器的更换步骤如下：

1）将车钥匙置于 OFF 档。

2）断开蓄电池低压负极电缆。

3）按照图 2-17 所示箭头及提示拔下整车控制器连接线束插接器 A 和 B。

4）拧下固定整车控制器的 4 个螺钉（图 2-18 中箭头所指），拆下整车控制器。

图 2-17 插接器 A、B 拔出示意图

图 2-18 固定整车控制器的 4 个螺钉位置图

任务 2　认知整车控制器与其他子系统

学习目标

1. 能准确描述整车控制器与各系统控制的逻辑关系。
2. 能进行部件和线束的拆装、检测。
3. 能使用常用工具进行故障检测。
4. 能进行常见典型故障的分析、诊断与排除。

客户委托：排除车辆加速无反应故障。

任务描述

车主王先生已使用 8 个月的北汽 EV200 电动汽车，车辆在行驶中仪表报整车故障，车辆加速无反应，故联系北汽新能源售后报修。

知识准备

要解决王先生的汽车的故障，需要掌握故障诊断仪、万用表的使用方法，会看整车控制器与加速踏板位置传感器之间的电路，会就车检查加速踏板位置传感器的信号、供电电压和搭铁是否正常，会拆装、更换传感器和整车控制器，会分析通过故障诊断仪读出的数据流等。

一、整车控制系统与各系统控制逻辑介绍

整车控制器对各主要控制对象（充电机、动力蓄电池组内的正负极继电器和预充继电器、空调压缩机、电机等）进行分级控制。整车控制器控制分级如图 2-19 所示。

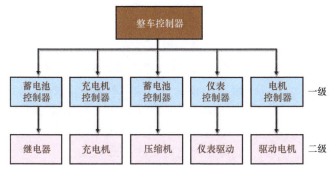

图 2-19　整车控制器控制分级

各子系统都具有各自独立的控制能力和控制条件，从而能对子系统实施独自管理。

1. 整车控制器与档位传感器的连接

整车控制器通过档位传感器获取档位信息，二者之间的连接如图 2-20 所示。

整车控制器收到 4 个从档位传感器送来的信号，进行运算比较分析后确定此时驾驶人的选档意图是前进、倒车还是空档。档位传感器信号电压参考值见表 2-3。

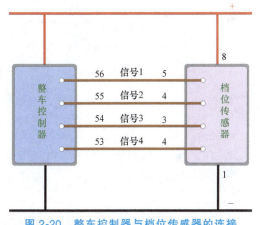

图 2-20　整车控制器与档位传感器的连接

表 2-3　档位传感器信号电压参考值　　　　　　　　　　（单位：V）

档位	信号 1	信号 2	信号 3	信号 4
R	0.3	4.5	4.5	0.3
N	0.3	4.5	0.3	4.5
D	4.5	0.3	4.5	0.3

2. 整车控制器与加速踏板位置传感器的连接

整车控制器根据加速踏板位置传感器来获得加减速信息，从而改变电机转矩，控制电机转速，进而改变车速。加速踏板位置传感器提供两组信号，让整车控制器进行对比。图 2-21 所示为整车控制器与加速踏板位置传感器的连接电路。

检测加速踏板位置传感器 1 信号：加速踏板位置逐渐降低至最低，用万用表直流电压档测量插接器端子 4 与搭铁（或端子 3）之间应有 0.74~4.8V 的电压；否则检查传感器电源和搭铁线，如果传感器输入电源和搭铁线正常，则为传感器内部故障。

检测加速踏板位置传感器 2 信号：加速踏板位置逐渐降低至最低，用万用表直

流电压档测量插接器端子6与搭铁（或端子5）之间应有0.37~2.4V的电压；否则检查传感器电源和搭铁线，如果传感器电源和搭铁线正常，则为传感器内部故障。

3. 整车控制器与车载充电机的连接

车载充电机在充电过程中与整车控制器（VCU）进行通信。当车身充电口接入充电枪后，充电连接确认信号CC与PE之间导通，此时车载充电机对整车控制器发出信号，整车控制器向仪表发出信号，仪表充电指示灯亮，同时车载充电机发出充电唤醒信号给整车控制器（VCU），车辆不能行驶。整车控制器与车载充电机的连接如图2-22所示。

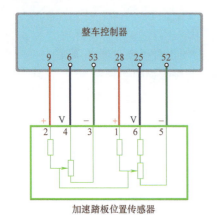

图2-21 整车控制器与加速踏板位置传感器的连接电路

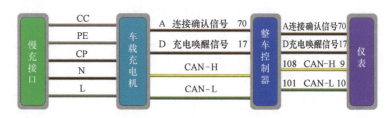

图2-22 整车控制器与车载充电机的连接

4. 整车控制器与DC/DC变换器的连接

DC/DC变换器接到整车控制器发出的使能信号，在充电或起动车辆时将高压直流电变压后给低压蓄电池充电。同时，整车控制器对DC/DC变换器进行监控，当DC/DC变换器有故障时及时通过仪表报警。整车控制器与DC/DC变换器的连接如图2-23所示。

5. 整车控制器与电机控制器的连接

整车控制器（VCU）向电机控制器（MCU）发出转矩需求和故障通信，电机控制器反馈给整车控制器的电机转速、电机温度、控制器温度信号等信息都是通过CAN总线来实现的，整车控制器与电机控制器的连接如图2-24所示。能量回馈的起动与停止也是由整车控制器（VCU）来控制的。

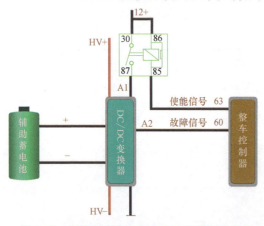

图2-23 整车控制器与DC/DC变换器的连接

6. 整车控制器与动力蓄电池管理系统（BMS）的连接

整车控制器（VCU）给动力蓄电池管理系统（BMS）发出电能需求和故障通信，BMS反馈给整车控制器的蓄电池电量、温度、电压、电流信号等信息都是通过CAN总线来实现的。整车控制器与动力蓄电池管理系统的连接如图2-25所示。动力蓄电池包内的总负继电器由整车控制器控制，而总正继电器由BMS控制，例如北汽EV200电动汽车的三元锂离子蓄电池。

7. 整车控制器与高压控制盒的连接

高压控制盒是完成动力蓄电池电源的输出及分配，实现对支路用电器的保护及切断的部件，其内部有快充继电器和空调、PTC 继电器。高压控制盒内部结构如图 2-26 所示。

图 2-24　整车控制器与电机控制器的连接

图 2-25　整车控制器与动力蓄电池管理系统的连接

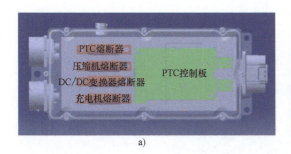

a)

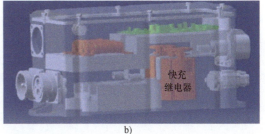

b)

图 2-26　高压控制盒内部结构

车辆进行快充时，高压控制盒内两个快充继电器闭合；在按下空调开关（A/C）时，空调继电器将闭合。整车控制器与高压控制盒的连接如图 2-27 所示。

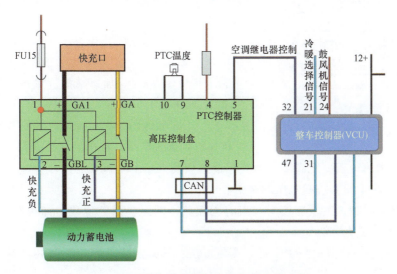

图 2-27　整车控制器与高压控制盒的连接

8. 整车控制器与空调压缩机控制器的连接

纯电动汽车采用电动空调压缩机，与传统汽车空调压缩机控制方式不同。整车控制器（VCU）接到空调开关（A/C）请求信号后确认空调系统压力信号、蒸发器温度信号、冷暖选择信号、鼓风机信号,据此判断是否满足起动压缩机的要求。

当满足以上条件时,整车控制器(VCU)发出起动压缩机的指令,通过CAN总线传递给空调压缩机控制器;空调压缩机控制器根据整车控制器(VCU)的指令控制空调压缩机的驱动电路,从而控制压缩机的工作和转速。整车控制器与空调压缩机控制器的连接如图2-28所示。

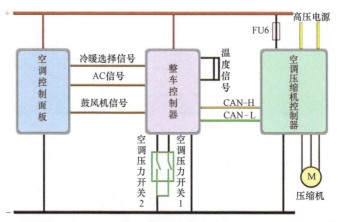

图2-28 整车控制器与空调压缩机控制器的连接

二、踩加速踏板车辆无反应故障检修

北汽EV200电动汽车加速无反应同时仪表报整车故障时,应使用电动专用诊断仪来读取故障信息。故障检修过程如下。

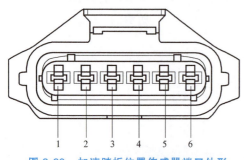

图2-29 加速踏板位置传感器端口外形

1)使用诊断仪读取数据流指令,选取加速踏板信号1和加速踏板信号2,点击确定,读取二者数据流。

2)检查加速踏板线束端子1和2的电压,正确电压应该是5V;检查线束端子3和5的电压,正确电压应该是0V。加速踏板位置传感器端口外形如图2-29所示。

3)不踩加速踏板时,检查加速踏板线束端子4和6的对搭铁电压,正确的电压是都接近0V。

4)踩加速踏板一定高度,检查加速踏板线束端子4和6的电压,端子4的对搭铁电压应是端子6对搭铁电压的两倍。

5)检查与加速踏板连接的线束有无短路、断路、退针现象,如果有线束问题,应更换线束。检查方法如下。

① 加速踏板位置信号1搭铁,测量方法:用万用表通断档测量相应端子之间的线束是否断路,位置信号1搭铁线束测量如图2-30所示。

② 加速踏板位置信号1输出,逐一测量是否导通,如果不导通,确定问题后更换线束。测量方法:用万用表通断档测量相应端子之间的线束是否断路。位置信号1输出线束测量如图2-31所示。

③ 加速踏板位置信号1电源,逐一测量是否导通,如果不导通,确定问题后更

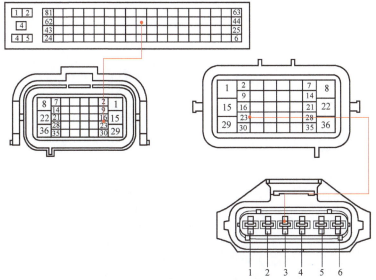

图 2-30　位置信号 1 搭铁线束测量

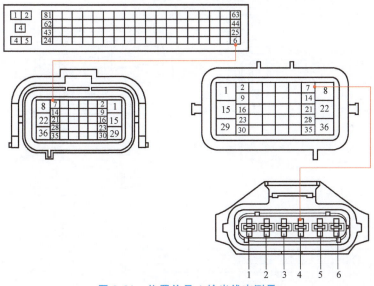

图 2-31　位置信号 1 输出线束测量

换线束。测量方法：用万用表通断档测量相应端子之间的线束是否断路。位置信号 1 电源线束测量如图 2-32 所示。

④ 加速踏板位置信号 2 搭铁，测量方法：用万用表通断档测量相应端子之间的线束是否断路。位置信号 2 搭铁线束测量如图 2-33 所示。

⑤ 加速踏板位置信号 2 输出，逐一测量是否导通，如果不导通，确定问题后更换线束。测量方法：用万用表通断档测量相应端子之间的线束是否断路。位置信号 2 输出线束测量如图 2-34 所示。

⑥ 加速踏板位置信号 2 电源，逐一测量是否导通，如果不导通，确定问题后更换线束。测量方法：用万用表通断档测量相应端子之间的线束是否断路。位置信号 2 电源线束测量如图 2-35 所示。

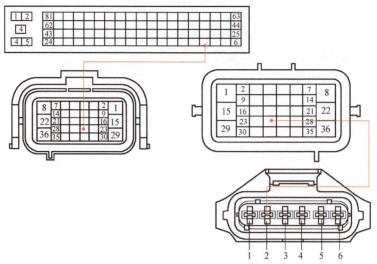

图 2-32 位置信号 1 电源线束测量

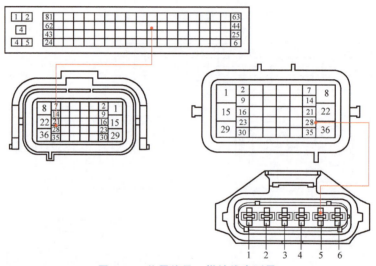

图 2-33 位置信号 2 搭铁线束测量

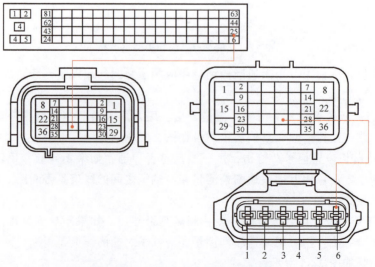

图 2-34 位置信号 2 输出线束测量

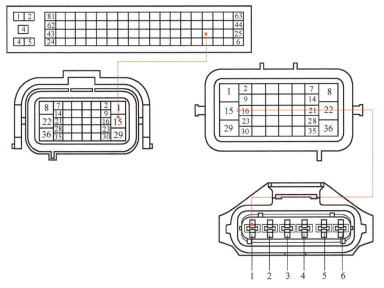

图 2-35　位置信号 2 电源线束测量

6) 以上线束确定没问题后,更换加速踏板位置传感器。

任务 3　检修整车上、下电系统

> **学习目标**
> 1. 能够准确描述整车上、下电控制过程。
> 2. 能够进行部件和线束的拆装检测。
> 3. 能够使用常用工具进行故障检测。
> 4. 能够进行常见典型故障的分析、诊断与排除。
>
> 客户委托:排除车辆无法正常上电故障。
>
> **任务描述**
> 　　一辆纯电动汽车在起动时仪表显示动力蓄电池断开故障,整车故障灯亮,同时仪表报通信故障,重新起动时仍报同样的故障,故联系售后报修。
>
> **知识准备**
> 　　要排除任务故障,需要掌握从钥匙起动到整车正常起动(Ready)的全过程,所以要了解整车是如何控制低压系统和高压系统工作的,需要了解整车上、下电控制逻辑等。

一、整车上、下电过程

　　整车上、下电包括低压供电与断电、唤醒与取消唤醒、高压上电与下电。其控制功能涉及整车所有控制单元,包括整车控制器(VCU)、电机控制器(INV/

MCU)、动力蓄电池管理系统（BMS）、空调系统、DC/DC 变换器、组合仪表系统、远程终端控制器（RMS）、充电机（CHG）等。整车上、下电过程是由 VCU 协调各个控制器，使各控制器按顺序合理地接通或断开低压控制电信号，使动力蓄电池继电器接通或断开，从而让车辆能够正确地完成"起动"和"关闭"动作，同时进行信息交互和故障检测。整个过程必须保证逻辑正确、顺序正确、故障检测合理有效。

1. 低压供电及唤醒原理

电动汽车要能正常起动，动力蓄电池就需要对外供电。为了保证供电安全，整车控制系统必须在确保整车主要高、低压部件正常的情况下使动力蓄电池的正、负极继电器闭合，从而对外供电。整车控制系统的核心部件——整车控制器被唤醒之后，将对各子系进行一系列唤醒，检测正常之后才会使动力蓄电池的正、负极继电器闭合而对外供电。电动汽车唤醒整车控制器的方式通常有 4 种：点火钥匙唤醒、快充唤醒、慢充唤醒和远程 APP 唤醒。

（1）整车低压供电原理　车辆低压系统控制器的供电途径有 3 种，低压供电电路如图 2-36 所示。

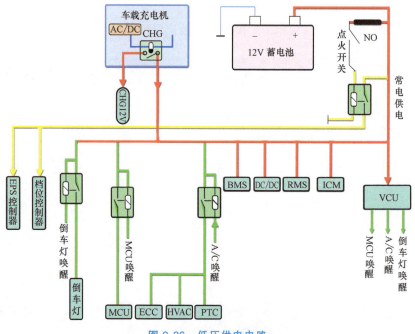

图 2-36　低压供电电路

由蓄电池直接供电时，主要有整车控制器（VCU）、组合仪表（ICM）、数据采集终端（RMS）、DC/DC 变换器和蓄电池管理系统（BMS）。

由 ON 档（IG1）继电器供电时，当点火开关钥匙转到 ON 档后，ON 档继电器线圈被接通，从而将 12V 蓄电池电压送到档位控制器和电动助力（EPS）控制器，给其供电。

由 VCU 控制低压继电器供电时，当 VCU 有蓄电池直接供电后，内部有部分电路工作，从而控制空调（A/C）继电器、电机控制器（MCU）继电器和倒车灯继电器接通供电的控制器。

（2）非充电模式下各控制器唤醒原理　非充电模式下控制器唤醒主要有 ON 档

继电器唤醒和 VCU 唤醒，非充电模式下各控制器唤醒电路如图 2-37 所示。

由 ON 档（IG1）继电器唤醒的控制器有：整车控制器（VCU）、组合仪表（ICM）和数据采集终端（RMS）。

当 VCU 被唤醒后，送出唤醒信号电压给蓄电池管理系统（BMS）和 DC/DC 变换器。

（3）慢充模式下各控制器唤醒原理　慢充电模式下控制器唤醒主要有慢充唤醒（CHG）和 VCU 唤醒，慢充模式下各控制器唤醒电路如图 2-38 所示。

慢充（CHG 12V）唤醒信号是当充电桩与车载充电机建立充电关系后，车载充电机控制内部继电器接通后送出，分别送给整车控制器（VCU）和数据采集终端（RMS）。

当 VCU 被唤醒后，送出唤醒信号电压给蓄电池管理系统（BMS）和 DC/DC 变换器。

（4）快充模式下各控制器唤醒原理　快充模式下控制器唤醒主要有快充唤醒（直流充电桩直接输出）和 VCU 唤醒，快充模式下各控制器唤醒电路如图 2-39 所示。

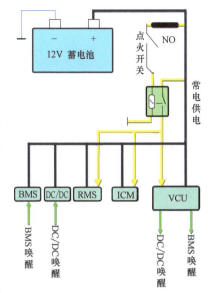

图 2-37　非充电模式下各控制器唤醒电路

快充唤醒信号是当快充桩与车辆建立充电关系后，快充桩送出快充唤醒信号给整车控制器（VCU）和数据采集终端（RMS）（由青色线连接）。

当 VCU 被唤醒后，送出唤醒信号电压给蓄电池管理系统（BMS）和 DC/DC 变换器（由绿色线连接）。

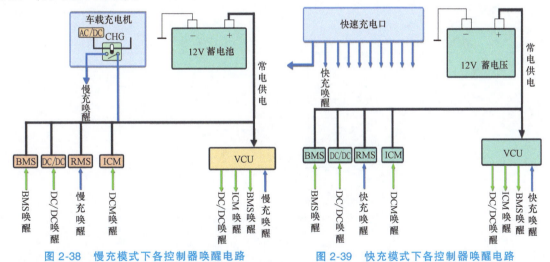

图 2-38　慢充模式下各控制器唤醒电路　　图 2-39　快充模式下各控制器唤醒电路

（5）远程模式下各控制器唤醒原理　远程模式下控制器唤醒主要有远程 APP 唤醒、远程唤醒和 VCU 唤醒，远程模式下各控制器唤醒电路如图 2-40 所示。

远程 APP 唤醒信号送给数据采集终端（RMS）（由红色线连接）。数据采集终端被唤醒后，送出唤醒信号唤醒整车控制器（VCU）（由蓝色线连接）。VCU 被唤醒后，送出信号唤醒组合仪表（ICM）、DC/DC 变换器、蓄电池管理系统（BMS）（由绿色线连接）。

注：远程慢充模式下，CHG 通过 BMS 向总线发送报文的形式唤醒。

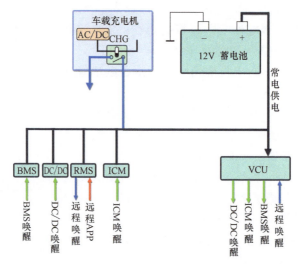

图 2-40 远程模式下各控制器唤醒电路

2. 高压供电原理

电动汽车的高压部件主要有动力蓄电池、高压控制盒、电机及电机控制器、车载充电机、空调压缩机、PTC、DC/DC 变换器等，这些高压部件中动力蓄电池是供电部件，其他是用电部件，由动力蓄电池为其提供工作电压。

动力蓄电池内部的控制系统（图 2-41）中包含多个高压检测点（V_1、V_2、V_3）、预充电电路、负极继电器、正极继电器、电流传感器、MSD 熔断器、绝缘检测电路等。

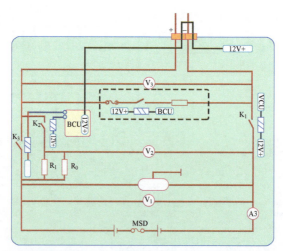

图 2-41 动力蓄电池内部的控制系统

K_1—总负继电器 K_2—预充继电器 K_3—总正继电器 MSD—高压维修开关 BCU—蓄电池管理系统

（1）高压检测点的作用

1）高压检测点 1（V_1） 它位于高压总正、总负继电器内侧，测量动力蓄电池包总电压，用于判定 MSD 是否断路。

2）高压检测点 2（V_2） 它位于负压继电器外侧，另一点位于预充电电阻和预充继电器之间,用于判定预充继电器是否粘连、负极继电器是否断路、预充电阻是否断路、预充电继电器是否断路。

3)高压检测点3(V_3) 它位于蓄电池直流母线输出两端,用于判定正极继电器是否粘连。

(2)预充电电路的作用 预充电电路的作用是防止在高压继电器闭合瞬间形成的强电流和高电压对动力电机驱动系统高压器件形成冲击,导致接通高压电路瞬间造成器件损毁。预充电电路通过整车控制器(VCU)在上电过程中控制相应高压继电器通断时序,达到高压系统安全上电的目的。

(3)高压继电器的控制顺序 首先是整车控制器(VCU)控制负极继电器接通后,由蓄电池管理系统(BMS)控制预充继电器闭合,当预充结束后,由BMS控制正极继电器闭合,同时预充继电器断开。这样完成动力蓄电池高压供电。

3. 整车上、下电流程

整车控制器有4种唤醒方式,在唤醒之后的控制过程相似,下面仅以点火开关钥匙唤醒整车控制器的方式来介绍整车上、下电流程,如图2-42所示。

当点火开关钥匙旋转至Start档,松开后回到ON档,且档位处于N档并踩下制动踏板时,整车开始上电。整车控制器(VCU)在进行初始化时,VCU会进行整车模式判断,如果此时充电口上连接了充电枪,则整车模式被判定为充电模式,将不会进入行车模式,继续后面的上电逻辑,VCU初始化不能完成。当整车模式被判定为运行模式后,VCU进行初始化并完成自检;之后VCU闭合电机控制器(INV/MCU)低压继电器及空调控制面板、PTC低压继电器,并唤醒蓄电池管理系统(BMS),新能源低压供电开始。新能源低压供电开始后,进行新能源低压自检,在这过程中BMS和电机控制器(MCU)完成初始化和自检,完成后自检计数器由"0"置"1"并发给VCU。自检完成后,VCU闭合动力蓄电池包内的负极继电器,否则进行高压掉电检测;负极继电器闭合后BMS完成动力蓄电池高压自检,通过后自检计数器置"2"并发给VCU,否则VCU断开蓄电池负极继电器,各高压控制器检测高压,零功率输出;BMS完成预充电并闭合动力蓄电池内的正极继电器,完成蓄电池高压分步检测,检测成功后自检计数器置"3"并发给VCU,否则BMS断开蓄电池正极继电器,自检计数器置"2"并发给VCU。预充电完成后,INV、ECC、HVAC及HTC进行高压检测,检测通过后置为高压检测完成标志位并发给VCU,该状态下开始判断高压故障,否则断开动力蓄电池正极继电器,高压检测通过后整车上电完成,处于待行车状态,绿色Ready指示灯亮。

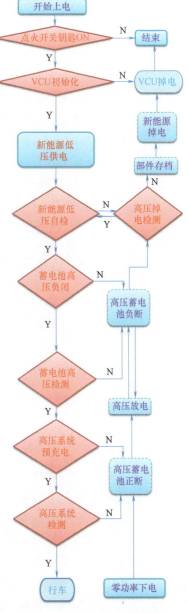

图2-42 整车上、下电流程

当系统检测到高压总电流小于 5A 且持续 600ms 以上时，整车控制系统进行下电流程，BMS 断开蓄电池正极继电器，自检计数器置为"2"并发给 VCU，各高压电器检测高压，不判断故障，零功率输出。正极继电器断开后，BMS 进行正极继电器粘连检测，各高压电器零功率输出，进行高压电路放电。当 MCU 检测到高压电路电压低于 36V 后置为放电完成标志位并发给 VCU；VCU 断开蓄电池负极继电器，各高压控制器检测高压，零功率输出。BMS 进行高压掉电检测，完成后 BMS 自检计数器置"1"并发给 VCU。部件存档时，BMS 及各高压电器写 EEPROM，BMS 自检计数器置"0"发给 VCU，MCU 置为写 EEPROM 完成标志位。存档完成后，VCU 依次给 BMS、MCU、HVAC、PTC 进行新能源系统掉电，散热系统延时掉电；VCU 写 EEPROM，VCU 掉电，从而整车下电完成。

二、车辆无法正常上电的诊断与排除

"车辆无法正常起动"这一故障的检查方法如下。

1. 判断 VCU 是否在正常工作

先查 VCU 供电和唤醒、VCU 搭铁、VCU 的供电线束及插件是否正常。

1）通过读图知 VCU 的供电和唤醒电压分别通过熔断器 FB16、FB17 送入，打开低压熔断器盒检查 VCU 电源熔断器（FB16、FB17）7.5A 熔断器是否熔断。熔断器 FB16、FB17 位置如图 2-43 所示。

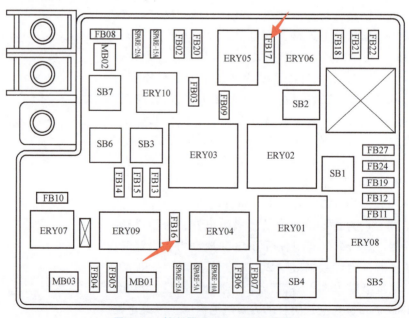

图 2-43　熔断器 FB16、FB17 位置

2）如果熔断器 FB16 未熔断，用万用表测量 VCU 供电电源线是否有 12V 电源。测量方法：打开电源使整车处于上电状态，将万用表旋钮旋至电压档，表笔分别与 VCU 线束的 1 脚和 2 脚充分连接（图 2-44），检测是否有 12V 电源。如果没有 12V 电源，则确定线束断路；如果 12V 电源正常，则进行下一步检查。

3）如果熔断器 FB17 未熔断，用万用表测量 VCU 唤醒电源线是否有 12V 电源。测量方法：打开电源使整车处于上电状态，将万用表旋钮旋至电压档，表笔分

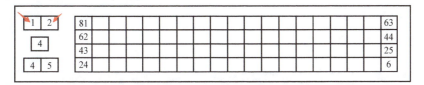

图 2-44　VCU 供电检测

别与 VCU 线束的 37 脚和 2 脚充分连接（图 2-45），检测是否有 12V 电源。如果 12V 电源正常，则进行下一步检查；如果没有 12V 电源，则须根据电路图进一步检查。

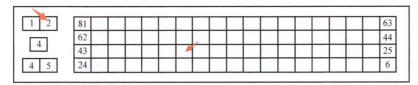

图 2-45　VCU 唤醒信号检测

2. 检查 CAN 线是否正常

1）检查 CAN 总线阻值是否正常。断开低压蓄电池负极后，测量的 CAN 总线正常阻值应为 60Ω。测量方法：拔下电机控制器 35 针插件，找到新能源 CAN 总线针脚 31/32，用万用表的表笔分别与 31/32 充分连接，查看万用表显示阻值。CAN 线阻值检测如图 2-46 所示。

图 2-46　CAN 线阻值检测

如果阻值不正确，则将所有有新能源 CAN 线的用电器件逐一断开。有新能源 CAN 线的用电器件有：空调压缩机、车载充电机、数据采集终端、电机控制器、高压控制盒、动力蓄电池。当断开某个用电器件后阻值为正常阻值时，则判定此用电器件功能失效（单一断开整车控制器或动力蓄电池 CAN 线后阻值为 120Ω）。

2）查 CAN 线是否短路或断路。当所有用电器件都完好时，用万用表测量 CAN 线两根线是否短路或断路。测量方法：将万用表旋钮旋至通断档，将表笔与 CAN 线的两根线充分连接并测量是否导通。CAN 线的线束检测如图 2-47 所示。

如果导通，则判定为线束短路，需更换线束；如果不导通，则测量单根线是否断路，如果断路则需要更换线束。

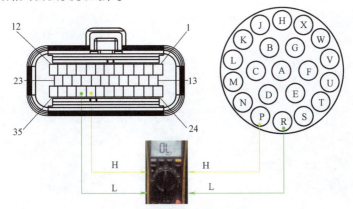

图 2-47　CAN 线的线束检测

项目 3
电动汽车动力蓄电池系统的结构、原理与检修

任务 1　更换动力蓄电池内部组件

学习目标

1. 了解动力蓄电池的作用、类型与特点。
2. 掌握锂离子蓄电池的工作原理。
3. 掌握磷酸铁锂离子蓄电池和三元锂离子蓄电池的结构和元件功能。
4. 掌握拆装动力蓄电池和更换内部组件的操作方法和注意事项。

客户委托：更换动力蓄电池内部元件。

任务描述

一辆北汽 EV200 电动汽车经检测为动力蓄电池故障，需要对动力蓄电池进行解体检测。请按照规范程序，从车上拆卸动力蓄电池，更换动力蓄电池内部故障元件，完成维修后对动力蓄电池进行安装，并确认其工作状态。

知识准备

动力蓄电池是为交通运输工具提供动力的蓄电池。动力蓄电池存储的电能通过电动机等动力装置转化为机械能，从而驱动车轮行驶（图 3-1）。动力蓄电池具有能

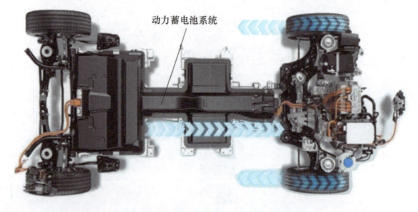

图 3-1　电动汽车动力蓄电池系统

量密度高、开路电压高、输出功率大、自放电率低、工作温度范围宽的优点,但动力蓄电池也有着不耐过充、不耐过放、需多重保护、成本较高、安全隐患大的缺点。因此提高动力蓄电池功率密度、能量密度、使用寿命以及降低成本一直是电动汽车动力蓄电池系统技术研发的核心。

一、动力蓄电池的基本知识

电池从它被发明起便在我们的生活中有着非常广泛的应用。电池发展历程如图 3-2 所示,电池早在 200 多年前就已问世,从世界上第一个电池被发明,到可充电的铅酸蓄电池出世,再到一次锂离子蓄电池迈向了实用化,以及可充电锂聚合物广泛的应用和目前的燃料电池、太阳电池的闪亮登场,电池的种类越来越多,这也使得电动汽车针对动力蓄电池有更多的选择。

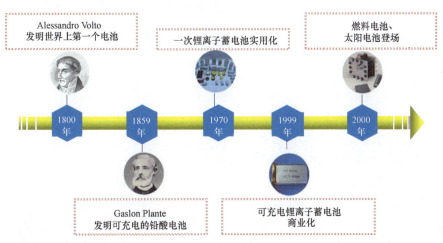

图 3-2 电池发展历程

1. 不同能源比能量对比

比能量指单位质量的能源所含能量的多少。表 3-1 中给出了汽油、柴油、天然气、乙醇、煤及化学电池的比能量对比。

表 3-1 各种不同能源的比能量对比

能源	标准比能量/(Wh/kg)	能源	标准比能量/(Wh/kg)
汽油	12500	煤	8200
柴油	12000	铅酸蓄电池	35
天然气	9350	镍氢蓄电池	80
乙醇	8300	锂离子蓄电池	200

> 课堂提问:为什么锂离子蓄电池比能量比汽油的比能量小很多,还能够作为汽车的能源呢?

2. 不同类型蓄电池相关参数对比

动力蓄电池经历了铅酸蓄电池、镉镍电池、镍氢电池等多种类型的发展和探索之后，锂离子蓄电池由于具有比能量高、大功率充放电能力强等优点，已逐渐成为电动汽车动力蓄电池的首选。例如 Tesla 旗下 Roadster 使用的是 18650 型钴酸锂蓄电池；北汽 EV200 使用的是三元锂离子蓄电池；比亚迪某些车型上使用的是磷酸铁锂离子蓄电池。

比能量指蓄电池单位质量所能输出的电能，单位为 Wh/kg。比功率指蓄电池输出的功率与其质量之比，单位为 W/kg。能量效率指电流恒定时，在相等的充电和放电时间内，蓄电池放出电量和充入电量的百分比。

比能量、比功率、能量效率和循环寿命是动力蓄电池的主要参数，动力蓄电池性能比较见表 3-2。

表 3-2 动力蓄电池性能比较

动力蓄电池类型	比能量/(Wh/kg)	比功率/(W/kg)	能量效率(%)	循环寿命/次
铅酸蓄电池	35~50	150~400	80	500~1000
镉镍蓄电池	30~50	100~150	75	1000~2000
镍氢蓄电池	60~80	200~400	70	1000~1500
锂离子蓄电池	100~200	200~350	>90	1500~3000

3. 锂离子蓄电池的结构及工作原理

（1）锂离子蓄电池的基本结构 锂离子蓄电池由正极、隔膜、负极、有机电解液、蓄电池外壳等部分组成。锂离子蓄电池的结构如图 3-3 所示。

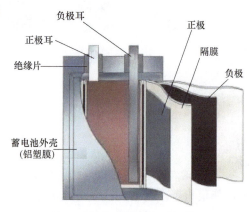

图 3-3 锂离子蓄电池的结构

1）正极。锂离子蓄电池的正极是含有锂离子的金属氧化物组，有锰酸锂或者钴酸锂、磷酸铁锂、镍钴锰酸锂、镍钴锰酸锂（俗称三元）或者三元+少量锰酸锂。导电极流体使用厚度几微米到十几微米的铝箔。

2）隔膜。隔膜是一种经特殊成形的高分子薄膜。薄膜有微孔结构，可以让锂离子自由通过，而电子不能通过。

3）负极。负极一般是石墨构成的晶格，或近似石墨结构的碳，导电集流体使用厚度几微米到十几微米的电解铜箔。

4）有机电解液。有机电解液是溶解有六氟磷酸锂的碳酸酯类溶剂，聚合物的使用凝胶状电解液。

5）蓄电池外壳。蓄电池外壳有钢壳（方形很少使用）、铝壳、镀镍铁壳（圆柱蓄电池使用）、铝塑膜（软包装）等几种。

（2）锂离子蓄电池的外观形状 目前车用锂离子蓄电池外观主要有圆柱、软包、方形 3 种形状。锂离子蓄电池外观常见形状如图 3-4 所示。

（3）锂离子蓄电池的充、放电原理 锂离子蓄电池的充、放电原理如图 3-5 所示。

1）充电过程。电源给蓄电池充电，此时正极上的电子 e 通过外部电路到达负极上，锂离子 Li^+ 从正极"跳进"电解质里，"爬过"隔膜上弯弯曲曲的小洞，"游泳"

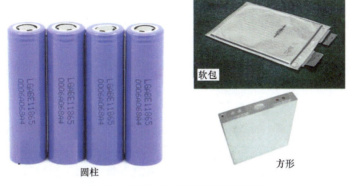

图 3-4 锂离子蓄电池外观常见形状

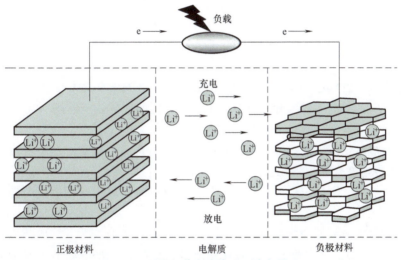

图 3-5 锂离子蓄电池的充、放电原理

到达负极,最终嵌入由石墨构成的稳定的晶格中,与过来的电子结合在一起。容纳锂离子的晶格越多,可以移动的锂离子越多,蓄电池容量越大。

正极上发生的反应为 $LiMn_2O_4 \Longrightarrow Li_{(1-x)}Mn_2O_4 + xLi^+ + xe$

负极上发生的反应为 $6C + xLi^+ + xe \Longrightarrow Li_xC_6$

2)放电过程。蓄电池放电时,负极上的电子 e 通过外部电路到达正极上,锂离子 Li^+ 从负极"跳进"电解质里,"爬过"隔膜上弯弯曲曲的小洞,"游泳"到达正极,与早就过来的电子结合在一起。

正极上发生的反应为 $Li_{(1-x)}Mn_2O_4 + xLi^+ + xe \Longrightarrow LiMn_2O_4$

负极上发生的反应为 $Li_xC_6 \Longrightarrow 6C + xLi^+ + xe$

3)锂离子蓄电池不能过充电、过放电的原因。放电时,锂离子不能完全移向正极,必须保留一部分锂离子在负极,以保证下次充电时的锂离子畅通地嵌入通道,否则,蓄电池使用寿命就极短。为了保证碳层中放电后留有部分锂离子,也就是锂离子蓄电池不能过放电,就要严格限制放电终止最低电压;同时,根据锂离子工作原理,最高充电电压应限制,不能过充,否则当正极材料中的锂离子减少太多时,会造成晶型坍塌,而使蓄电池表现出使用寿命终结状态。由此可见,锂离子充/放电控制精度要求极高,既不能过充电,也不能过放电,否则都将影响蓄电池的使用寿命。

4. 蓄电池基本术语

① 充电截止电压：为防止蓄电池过充电而设定的一个充电上限，达到该电压值则停止充电。

② 放电截止电压：为防止蓄电池过放电而设定的一个放电下限，达到该电压值则停止放电。

③ 自放电：当蓄电池不与外部电路连接时，由于内部自发反应引起的电量损失。

④ 内阻：电流通过蓄电池内部时所受到的阻力，一般分为交流内阻和直流内阻。一般蓄电池体积和容量越大，内阻越小。

⑤ 循环寿命：在一定的充放电条件下，蓄电池容量降低（衰减）到某一规定值之前，蓄电池能经受充电与放电的次数（充电1次并放电1次称为1个周期或1次循环）。

⑥ 记忆效应：由于传统工艺中负极为烧结式，镉晶粒较粗，如果镉镍蓄电池在它们被完全放电之前就重新充电，镉晶粒容易聚集成块而使蓄电池放电时形成次级放电平台，蓄电池会储存这一放电平台并在下次循环中将其作为放电的终点。锂离子蓄电池不存在记忆效应。

⑦ 过充电：蓄电池的实际最高电压超过了规定的充电截止电压。

⑧ 过放电：蓄电池的实际最低电压低于了规定的放电截止电压。

⑨ 漏液：电解液从蓄电池中流出的现象。

⑩ 内部短路：蓄电池内部正极和负极形成电通路时的状态。这主要由于隔膜的破坏、混入导电性杂质、形成枝晶等造成。

⑪ 放电效率：在一定的充、放电条件下，放电时释放出来的电荷与充电时充入的电荷的百分比。

⑫ 动力蓄电池系统的容量（C）：蓄电池性能的重要指标之一，它表示蓄电池存储电量的大小，即蓄电池放电电荷的总量为蓄电池容量，单位为Ah，影响到整车的续驶里程。

⑬ 动力蓄电池的总能量（E）：蓄电池放电所能做的功。

小知识：

1. NCM811锂离子蓄电池

三元锂离子蓄电池当中按镍、钴、锰3种金属材料的比例命名有"523""622""811"等。NCM811锂离子蓄电池正极材料的比例如图3-6所示。镍的成分越高，反应越活跃，这种蓄电池释放的"能量"越多，在同等容量下带来的能量密度越大。

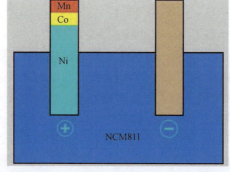

图3-6 NCM811锂离子蓄电池正极材料的比例

2. 磷酸铁锂离子蓄电池和三元锂离子蓄电池的比较

磷酸铁锂离子蓄电池在热稳定性方面有着一定的优势,在所有锂离子蓄电池中,磷酸铁锂离子蓄电池的热稳定性最佳。其电热峰值可达 350~500℃,当温度达到 500℃ 左右时,其内部化学成分才开始分解。这样的特性使得磷酸铁锂离子蓄电池的安全性得到了保证。

三元锂离子蓄电池最大的优势在于离子蓄电池比能量高,其比能量通常在 200Wh/kg 以上,相对于磷酸铁锂离子蓄电池的 90~120Wh/kg 来说,这样的表现对于轻量化设计更加友好,也更适合现阶段新能源乘用车市场对续航里程的需求。

三元锂离子蓄电池的缺点同样突出,其分解温度在 250~350℃,此时其内部化学成分开始分解,释放氧分子,在高温作用下电解液会迅速燃烧,增加了锂离子蓄电池发生自燃及爆炸的风险。因此搭载三元锂离子蓄电池的车型对蓄电池管理系统提出了极高的要求,在设计过程中需要做好过充保护、过放保护、过温保护和过流保护等。随着技术的进步,尤其是在应用了陶瓷隔膜之后,三元锂离子蓄电池的安全问题已得到改善,由于其出色的综合表现,目前在市场上得到了大量应用。表 3-3 为三元锂离子蓄电池和磷酸铁锂离子蓄电池的参数比较。

表 3-3 三元锂离子蓄电池和磷酸铁锂离子蓄电池的参数比较

项目	三元锂离子蓄电池	磷酸铁锂离子蓄电池
额定电压	332V	320V
蓄电池容量	91.5Ah	80Ah
额定能量	30.4kWh	25.6kWh
连接方式	3P91S	1P100S
总质量	291kg	295kg
总体积	240L	240L
工作电压范围	250~382V	250~365V
比能量	104Wh/kg	86Wh/kg
能量密度	127Wh/L	107Wh/L

二、动力蓄电池系统的构造与功能介绍

1. 磷酸铁锂离子蓄电池构造与功能

下面以北汽 EV150 电动汽车的普莱德动力蓄电池为例来介绍磷酸铁锂离子蓄电池的组成部件及功能。

动力蓄电池系统主要由动力蓄电池箱、动力蓄电池组、主控制盒、高压控制盒、蓄电池低压管理系统、主继电器盒、继电器盒、加热膜、预充电阻等组成。动力蓄电池组成如图 3-7 所示。

(1) 动力蓄电池箱 动力蓄电池箱安装在车身底盘下方,其外观如图 3-8 所示。它有承载及保护动力蓄电池组及电气元件的作用,其材料为铸铝和玻璃钢,防护等级为 IP67。在动力蓄电池箱的外部还包含有产品铭牌、蓄电池包序号、出货检验标签、物料追溯编码以及高压警告标识。由于汽车的运行环境多变,因此对动力蓄电池箱的散热、防水、绝缘和安全等设计要求很高。

图3-7 动力蓄电池组成

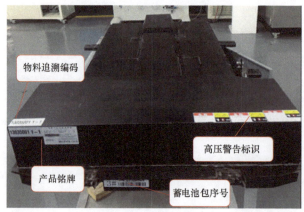

图3-8 动力蓄电池箱外观

(2) 蓄电池组　它由一个或多个单体蓄电池串、并联成一个组合，称为蓄电池组。把每个蓄电池组串联起来即形成了动力蓄电池总成。

例如：特斯拉Roadster纯电动汽车的蓄电池组由6831个18650型锂离子蓄电池组成，其中每69个并联为一组，再将9组串联为一层，最后串联堆叠11层构成。北汽EV150电动汽车所用的普莱德动力蓄电池由100个单体蓄电池串联形成。

> 小知识：3P91S含义为3个单体蓄电池并联组成一个蓄电池组，再由91个蓄电池组串联成动力蓄电池总成。

(3) 辅助元器件　辅助元器件主要由主继电器、预充继电器与预充电阻、加热继电器与加热熔断器、电流传感器、熔断器、高低压插接器、高低压线束等组成。

1) 主继电器。主继电器主要包含主正继电器和主负继电器。主正继电器如图3-9所示。在普莱德动力蓄电池中，主正继电器由BMS控制，主负继电器由VCU控制。

2) 预充继电器与预充电阻。预充继电器与预充电阻如图3-10所示，预充继电器由BMS控制其闭合或断开。在充、放电初期需要闭合预充继电器进行预充电。例如充电初期需要给各单体蓄电池进行预充电，确定单体蓄电池无短路；放电初期需要低电压、小电流给各控制器电容器充电，当电容器两端电压接近蓄电池总电压时，预充电完成，断开预充继电器，闭合总正极继电器。

图 3-9　主正继电器

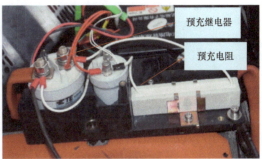
图 3-10　预充继电器与预充电阻

小知识：为什么要进行预充电？

图 3-11 所示为预充电电路，因电路中电机控制器和空调压缩机控制器等含有电容器，若没有预充电回路，主正、主负继电器将直接与电容器 C 闭合，电池组高电压为 300V 左右，电容器 C 两端电压接近 0V，相当于瞬间短路，负载电阻仅是导线及继电器触点电阻，主正、主负继电器很容易就会损坏。

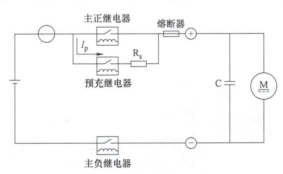
图 3-11　预充电电路

加入预充继电器及预充电阻 R_s（R_s 的阻值取 100Ω），上电时，BMS 首先控制主负继电器、预充继电器闭合，主正继电器断开，接通瞬间，经 R_s 流入电容器 C 的电流在预充继电器、主负继电器的容量范围内，电路安全；待电容器 C 充电达到目标要求时，电容器两端已存在较高电压（接近蓄电池电压），继电器两端电压差较低，此时结合就没有大电流冲击，BMS 控制预充继电器断开，结合主正继电器，高电压接入。

有些电机控制器厂家在控制器内部设有缓冲单元，即缓冲电阻，这和上述的预充继电器电路是一个原理，即上电瞬间先接入一个缓冲（预充）电阻，待负载电容器充电到目标需求时，断开缓冲（预充）电阻，接通主正电路。

3）加热继电器与加热熔断器。由于磷酸铁锂离子蓄电池高温性能好，而蓄电池的温度会影响蓄电池充电效果，所以磷酸铁锂离子蓄电池增设了加热功能。图 3-12 所示为加热继电器和加热熔断器。充电过程中，当单体蓄电池温度低于设定值时，BMS 控制加热继电器闭合，通过熔断器接通加热膜电路。

加热过程只在充电时相应温度条件下工作,其他时间不工作;加热熔断器与加热膜串联在一起;单体蓄电池的温度在0~55℃之间时才可以充电,当有温度点高于55℃或低于0℃时,蓄电池管理系统将自动切断充电电路,此时将无法充电。

充电前检测箱体内部温度,若有低于0℃的温度点,应启动加热模式:闭合加热片,进行加热内循环,待所有单体蓄电池温度点高于5℃,停止加热,启动充电程序。加热过程中若出现加热片温度差高于20℃,则会间歇停止加热,待加热片温度差低于15℃时会重启加热片。

4)电流传感器。电流传感器如图3-13所示。它用来监测充、放电电流的大小,实际上是一个阻值很小的电阻,根据直流电流通过电阻时会在电阻两端产生电压的

图3-12 加热继电器和加热熔断器

图3-13 电流传感器

图3-14 熔断器

原理制成。电流传感器是无感分流器,在电阻的两端可形成毫伏级的电压信号,用来监测总电流(型号300A 75mV)。

5)熔断器。图3-14所示为串联在蓄电池组中间的熔断器。其功能是防止能量回收过电压、过电流,或放电时过电流,它的规格为250A 500V。

6)高低压插接器。图3-15所示为动力蓄电池的高低压插接器的端子定义。动力蓄电池系统通过使用可靠的高压插接器"总正""总负"与高压控制盒相连,低压插接器连接在"CAN"总线与VCU或车载充电机之间进行通信。

7)高低压线束。图3-16所示为高低压线束。其中,橙色波纹管为高压动力线束;黑色波纹管为低压线束。

器件名称	接插器名称	端子号	功能定义	线束走向	对应接插器
动力蓄电池	H1P	A	电机控制器输入"-"	高压控制盒	HT2/A
	H1P	B	电机控制器输入"+"		HT2/B
	T17	A	12V 正极供电 BAT	低压熔断器盒	
		B	12V 负极搭铁 GND	搭铁点100	
		C	—		
		D	12V 正极供电 BAT	低压熔断器盒	
		E	12V 负极搭铁 GND	低压熔断器盒	
		F	快充口连接确认	快充接口	CC2
		G	12V 正极供电 IG	低压熔断器盒	
		H	12V 正极供电	快充接口	A+
		J	—		
		K	CAN H	CAN 1	电机控制器
		L	CAN 屏蔽线		
		M	CAN H	CAN 2	快充口
		N	CAN L	CAN 2	
		P	CAN 屏蔽线		
		T	CAN L	CAN 1	电机控制器
		R	CAN H	CAN 3	
		S	CAN L	CAN 3	

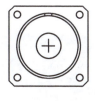

H1P

H1P

T17

图 3-15 高低压插接器的端子定义

（4）蓄电池管理系统（BMS） 普莱德动力蓄电池管理系统的组成按性质可分为硬件和软件，按功能可分为数据采集单元和控制单元。

BMS 的硬件由高压盒、从控盒、主控盒等组成。BMS 的软件具有监测蓄电池的电压、电流、SOC 值、绝缘电阻值、温度值的功能，它通过与 VCU、充电机的通信，来控制动力蓄电池系统的充、放电。

普莱德动力蓄电池内部控制原理如图 3-17 所示。

图 3-16 高低压线束

1）高压盒。高压盒（图 3-18）用于"监控"动力蓄电池的总电压、总电流和绝缘性能。

① 监控动力蓄电池的总电压，包括主继电器内、外 4 个监测点，分为蓄电池内部监测点和蓄电池外部监测点。

② 检测充、放电电流。

③ 检测高压系统绝缘性能。

④ 监控高压连接情况。

⑤ 将以上项目监控到的数据反馈给主控盒。

2）从控盒。从控盒（图 3-19）又称为电压和温度采集单元。

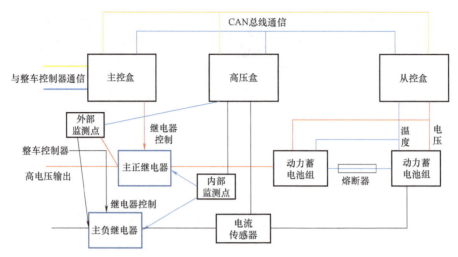

图 3-17 普莱德动力蓄电池内部控制原理

图 3-18 高压盒

图 3-19 从控盒

从控盒用来"监控"动力蓄电池的单体蓄电池电压、蓄电池组的温度,主要功能如下。

① 监控每个单体蓄电池电压并反馈给主控盒。
② 监控每个蓄电池组的温度并反馈给主控盒。
③ 监测 SOC 值。
④ 将以上项目监控到的数据反馈给主控盒。

图 3-20 主控盒

3) 主控盒。主控盒(图 3-20)是一个连接外部通信和内部通信的平台。

主控盒主要功能如下:

① 接收从控盒反馈的实时温度和单体蓄电池电压(并计算最大值和最小值)数据。
② 接收高压盒反馈的总电压和电流数据。
③ 与整车控制器(VCU)通信。
④ 控制主正继电器。

⑤ 控制蓄电池加热。
⑥ 控制充/放电电流。

2. 三元锂离子蓄电池的构造与功能

下面以北汽 EV200 电动汽车使用的 SK 三元锂离子蓄电池为例介绍动力蓄电池的构造与功能。SK 三元锂离子蓄电池系统主要由单体蓄电池、主熔断器、主正继电器、主负继电器、预充继电器、预充电电阻、电流传感器、蓄电池管理系统（BMS）、高低压插口等部件组成。

（1）动力蓄电池箱和蓄电池模组 SK 三元锂离子蓄电池箱体的上盖板为玻璃钢（玻璃钢是优良的绝缘材料），而下盖板为了增加硬度和耐磨性，其材料为钢。SK 三元锂离子蓄电池单体蓄电池的连接方式为 3P91S，具体含义为 3 个单体蓄电池并联成 1 个独立蓄电池组，再由 91 个蓄电池组串联。单体蓄电池额定电压为 3.7V 左右。图 3-21 所示为动力蓄电池箱打开后 EV200 蓄电池模组的布置。

图 3-21 EV200 蓄电池模组的布置

（2）辅助元器件

1）继电器集成器（PRA）。SK 三元锂离子蓄电池的继电器集成器（PRA）的组成如图 3-22 所示。它将主正继电器、主负继电器、预充继电器和预充电阻进行了集成，其各个功能与之前所述相同。由于三元锂离子蓄电池的特性，其低温性能更好、

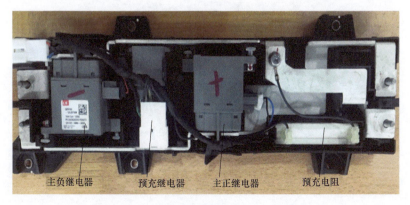

图 3-22 继电器集成器（PRA）的组成

密度更大，减少了加热片、加热继电器与加热熔断器。

2）电流传感器。SK 三元锂离子蓄电池的电流传感器采用了霍尔式电流传感器，如图 3-23 所示。

图 3-23 霍尔式电流传感器

> 小知识：霍尔式电流传感器的工作原理。
>
> 霍尔器件是一种用半导体材料制成的磁电转换器件。如果在输入端通入控制电流 I_C，当有一个磁场穿过该器件感磁面，则在输出端出现霍尔电势 V_H。
>
> 霍尔电势 V_H 的大小与控制电流 I_C 和磁通密度 B 的乘积成正比。霍尔式电流传感器是按照安培定律原理做成的，即在载流导体周围产生一个正比于该电流的磁场，而霍尔器件则用来测量这一磁场，使电流的非接触测量成为可能。测量霍尔电势的大小可间接测量载流导体电流的大小。

3）维修开关和熔断器。电动汽车所用电压一般都是不小于 300V 的高电压，为了避免由于操作不当造成电击危险以及过载、短路引起的电器部件的损坏，需要在汽车电路大电流主干线上安装维修开关。维修开关在电动汽车电路中起到保护电源的作用，在进行高压系统维修维护或进行蓄电池维护安装时，应及时断开维修开关，这样可以有效避免因为维修人员操作不当而引发的电击情况，保护维修人员安全。维修开关由熔断器和互锁端子组成（图 3-24）。在高压系统出现短路危险时，维修开关内置熔断器熔断，保护高压系统安全。

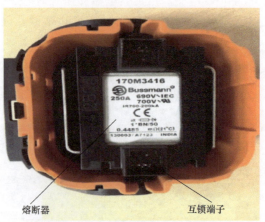

图 3-24 维修开关结构

因涉及高压安全,故维修开关的规范操作是非常重要的,不规范的操作不仅可能造成车辆故障,还有可能引起高压拉弧等危险。维修开关操作规程如下:

① 紧急维修开关在特殊情况下才可使用,例如车辆维修、漏电警告等情况。在非特殊情况下不允许对紧急维修开关进行操作。

② 紧急维修开关的操作应由专业人员进行,操作人员应该进行过相关培训。

③ 操作时,操作人员必须穿戴必要的劳保用品,例如绝缘手套、绝缘胶鞋等,其电压等级必须大于蓄电池组的最高电压,用前需检查是否完好无损,确保安全。

④ 拔下紧急维修开关手柄后,必须妥善保管,直至检修完毕,避免错误操作。

⑤ 拆开紧急维修开关后,必须等待至少10min后才能进行维修操作,以确保高压电路的余电已释放,如果条件允许建议等待时间为30min。

4)高低压插接器。SK三元锂离子蓄电池高低压插接器端子定义如图3-25所示。

接动力蓄电池端:
1脚:电源负极
2脚:电源正极
中间互锁端子

动力蓄电池低压线束端21芯插件T21
A-未使用
B-BMS供电正极
C-唤醒
D-未使用
E-未使用
F-负极继电器控制
G-BMS供电负极
H-继电器供电正极
J-继电器供电负极
K-未使用
L-HVIL信号
M-未使用
N-新能源CAN屏蔽
P-新能源CANH
R-新能源CANL
S-动力蓄电池内部CANH
T-动力蓄电池内部CANL
U-快充CANH
V-快充CANL
W-动力蓄电池CAN屏蔽
X-未使用

a)   b)

图3-25 SK三元锂离子蓄电池高低压插接器端子定义
a)高压插接件 b)低压插接件

(3)蓄电池管理系统(BMS) SK三元锂离子蓄电池的蓄电池管理系统(BMS)采用高压盒、从控盒和主控盒集成的方式。蓄电池管理系统(BMS)如图3-26所示。

蓄电池管理系统的主要功能如下:

① 与外部通信(VCU、充电机、快充桩)。

② 控制负极继电器。

③ 检测内、外部总电压。

④ 检测充、放电电流。

⑤ 监测单体蓄电池电压和温度。

⑥ 保护蓄电池使用寿命和安全。

⑦ 控制预充继电器。

图3-26 蓄电池管理系统(BMS)

(4)电压采集板和温度采集板 电压采集板(图 3-27)压装在模组上,用来采集单体蓄电池的电压。

图 3-27 电压采集板

温度采集板(图 3-28)压装在模组上,用来采集单体蓄电池的温度。

图 3-28 温度采集板

三、更换动力蓄电池内部组件

1. 拆卸动力蓄电池

以北汽 EV200 电动汽车为例,介绍动力蓄电池的拆装过程。

1)准备拆动力蓄电池前应关闭点火开关,拔下点火开关钥匙。

> 注意:当仪表板上"Ready"灯亮时,高压上电,此时切勿拆卸动力蓄电池,否则有触电危险。在拆卸动力蓄电池之前,要确保拔下点火开关钥匙,自行收好,并在车上放置工作牌。

2)拆下低压蓄电池负极,断开整车低压控制电源。

> 注意:断开整车高压电,防止动力蓄电池高压输出。由于电动汽车采用了高压互锁装置,即断开低压时,通过低压信号控制能够同时将高压电路切断。所以安全起见,在拆卸动力蓄电池时,务必要卸下蓄电池负极电缆。

3)举升车辆到适合的高度时,举升机锁止安全锁。

4）拆下蓄电池总正、总负和低压线束插头。操作时佩戴绝缘手套，拆下线束插头后，使用放电工装进行放电。

5）使用液压升降台，液压升降台上升接触到蓄电池包底部再进行拆卸工作（图3-29）。

注意事项：将液压升降台推至动力蓄电池箱正下方，升起液压升降台，直至台面中心与动力蓄电池箱底部重心位置完全接触，并使之不产生相互作用力。拆卸后要轻取轻放，不得扔掷、挤压，造成蓄电池系统损坏或对人身的意外伤害。

6）拆下蓄电池安装螺栓，将蓄电池从车架上分离下来。拆下动力蓄电池箱体（图3-30）。

图3-29　液压升降台拆卸蓄电池包

图3-30　从车体上拆下动力蓄电池箱体

2. 安装动力蓄电池

1）安装前须对动力蓄电池检查以下项目：

① 电源线、插头、延长线、保护器是否破裂或损坏。

② 是否有过热、冒烟、冒火花的迹象。

③ 是否有蓄电池系统损坏（如破裂）、蓄电池漏电现象。

④ 动力蓄电池系统、电源线是否出现进水现象。

⑤ 高低压接插器是否与说明书不一致或不能正常对接。

如果发现上述情况，请停止安装该蓄电池，并立即通知售后检修人员。

2）安装按与拆卸动力蓄电池相反的顺序进行。

3）安装动力蓄电池后，须检查动力蓄电池能否正常运行。

① 将点火开关钥匙置于"READY"位置，查看仪表板有无异常警告。

② 使用解码仪进入整车查看有无故障码显示。若无，表示运行正常；若有故障显示，须根据实际情况进行检查。

3. 更换蓄电池的单体蓄电池

（1）拆卸蓄电池组

1）根据蓄电池检测仪器显示的故障单体蓄电池采样点，对应单体蓄电池位置示意图确定故障单体蓄电池位置及需要拆卸的蓄电池组。

2）用斜口钳将蓄电池组连接大线端部固定护套的扎带剪断（图3-31），并置于指定位置内。用六角扳手将连接大线处螺栓旋出，并将拆下的螺栓、平垫、弹垫、端部护套等零件置于指定位置，以备安装时使用（图3-32）。最后，将拆卸后的高压导线端部用绝缘胶带进行防护（图3-33）。

  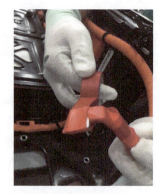

图 3-31　剪断护套扎带　　　图 3-32　拆卸螺栓　　　图 3-33　用绝缘胶带进行防护

3）拆卸故障单体蓄电池所在蓄电池组上的采集单元及连接线束（图 3-34），将拆卸后的采集单元、螺栓、紧固件等零件置于指定位置。最后，用绝缘胶带将线束固定，以免操作时对线束造成意外伤害。

4）拆卸蓄电池组压板（图 3-35），利用拆装工具将固定螺栓旋出（图 3-36），将蓄电池组移出箱体，置于指定操作位置。

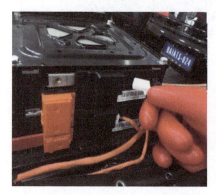  

图 3-34　拆卸采集单元及连接线束　　　图 3-35　拆卸蓄电池组压板　　　图 3-36　旋出固定螺栓

（2）拆卸最小单体蓄电池

1）将故障蓄电池上盖拆下，然后用十字螺钉旋具将采样线固定螺栓拆下（图 3-37）。

2）用工具将故障单体蓄电池连接排紧固件旋出（图 3-38），拆下连接排，将连接排、平垫、弹垫置于指定位置。

3）依次将故障单体蓄电池的护套拆下（图 3-39），拔出连接片（图 3-40）。如果连接片折断在护套安装孔内，须用斜口钳子对上、下护套安装口进行清洁。

4）标记故障单体蓄电池条码、故障现象、更换时间等信息后，将其置于返修容器内，以备返厂维修。

（3）更换最小单体蓄电池

1）安装单体蓄电池上、下护套，注意如果有损伤，须更换新护套进行安装，安装后单体蓄电池应与护套贴合紧密，不发生相对移动。

2）将更换的单体蓄电池安装到蓄电池组内，摆放位置要正确。连接片、侧护套等零件如果有损坏，须更换新零件进行安装。

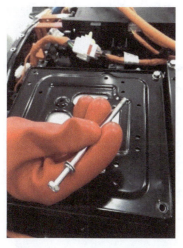

图 3-37　拆卸故障蓄电池上盖

图 3-38　拆卸连接排紧固件

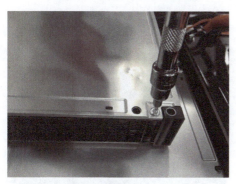

图 3-39　拆卸上、下护套

图 3-40　拔出单体蓄电池连接片

3) 利用连接排连接单体蓄电池极柱, 极柱表面如果有焊点, 应用砂纸将焊点打磨平整, 确保连接排下表面与极柱上表面贴合紧密。用扭力扳手将法兰螺母或铝螺栓固定到单体蓄电池极柱上, 按规定力矩拧紧, 确定螺栓紧固后, 对紧固件涂螺纹紧固剂。

4) 将采样线插头利用螺栓紧固到连接排安装孔上, 紧固后弹垫, 直至压平无翘起现象, 对螺栓涂防松胶。向指定位置注入导热硅胶, 注意不要将安装孔注满, 注入三分之二为宜。之后将温度采样线插入安装孔内, 其下端应与护套平行。最后, 用热熔胶将线体固定到单体蓄电池上护套上。注意加热熔胶前应确保护套上表面清洁无尘, 加热熔胶面积应大于热硅脂面积。

(4) 蓄电池组入箱及线束连接

1) 安装蓄电池盖, 将蓄电池组安装到箱体内。注意: 如果向前清理箱体, 应确定箱体内保温层无损坏。

2) 安装蓄电池组压板, 利用内六角扳手将压板压紧, 确保紧固后螺栓弹垫平整无翘起。

3) 安装蓄电池采集单元, 确保采集单元的安装位置, 端口朝向安装要正确, 原有绑线扣的位置要重新加装绑线扣。

4)将暂时固定线束的绝缘胶布拆下,将插线按照标记插入相应的断口中。安装线束时要注意插件插入顺序。线束连接完成后,用扎带将线束固定到绑线扣上。注意端口处线束要留有一定余量。

5)拆下大线端部绝缘防护,将大线"铜鼻子"固定到蓄电池组输出排上,用内六角扳手按规定力矩紧固螺栓,紧固到平垫平整无翘起。最后,安装护套,用扎带固定,护套必须完全覆盖连接点。

(5)操作后整理现场

1)将扎带多余部分剪断,置于指定容器内。

2)清点工具及辅料,避免遗漏在蓄电池箱体内。

3)清理操作后箱体内残留的灰尘及辅料碎屑。

4. 更换蓄电池管理系统（BMS）

(1)拆卸故障 BMS 连接线束

1)将故障 BMS 周围固定线束的扎带剪断,确保插接器处线束松弛不受限制,将剪断的扎带放置于指定的容器内避免遗漏在蓄电池箱体内。

2)将故障 BMS 端口处插接器拔出（图 3-41）,注意:拆卸插接器时须一只手轻按住 BMS 外部铝壳,另一只手按住插接器缓缓将其拔出,禁止以提拉线束的方式拔出插接器。

3)将拆卸后的线束用绝缘胶带暂时固定在远离故障 BMS 的地方（图 3-42）,避免操作过程中对线束造成意外伤害。

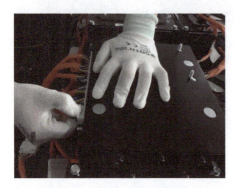

图 3-41　拔出 BMS 插接器

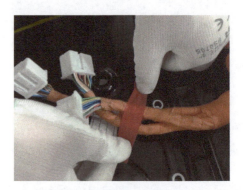

图 3-42　用绝缘胶带固定线束

(2)更换 BMS 管理器

1)用套筒将 BMS 固定螺母旋出（图 3-43）,并将拆卸后的螺母、平垫、弹垫、绑线扣等零件置于指定容器内。

2)将故障 BMS 拆下并置于 BMS 返修的容器内（图 3-44）。

3)将新 BMS 摆放于安装板上,确保与安装板贴合紧密无缝隙,插接器口朝向正确无误。

4)手动将螺母旋入安装板铆螺柱上,须加装平垫、弹垫,原有安装绑线扣处重新安装绑线扣,旋入后螺母下表面应与安装板平行。在螺母旋至铆螺柱底部时,应利用套筒对螺母进行紧固。紧固完成后,应确保螺栓弹垫平整无翘起,螺母下表面与平垫及 BMS 固定孔上表面应贴合紧密无缝隙。

(3)连接 BMS 线束

1) 拆下暂时固定的胶带，置于指定的容器内，避免遗漏在蓄电池箱内。

2) 按照线束标号将插接器插入相应的BMS端口内。注意：插接器插接时，应按住插接器两侧将插接器插入端口插接器处。

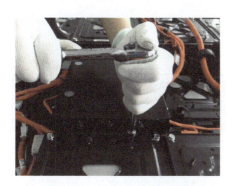

图3-43　旋出BMS固定螺母

图3-44　拆下的BMS管理器

3) 用扎带将线束固定到原有绑线扣处，线束固定要牢固。插接器处线束要留有一定余量，不宜受力过大。固定后将扎带多余部分清除，并置于指定位置，避免遗漏在蓄电池箱体内。

（4）操作后整理现场

1) 清理操作后箱体内残留的灰尘及辅料碎屑。

2) 清点工具及辅料，避免遗漏在蓄电池箱体内。

3) 标记故障BMS相关信息，以备返厂检修。

5. 更换动力蓄电池加热继电器、预充继电器

1) 拆卸继电器集成器盖板（图3-45）。

2) 拆卸继电器。先拆卸有故障的继电器的插接器（图3-46），然后用套筒扳手将固定在电气安装板上的继电器拆下，最后将损坏的继电器标明故障原因单独放置。

图3-45　拆卸继电器集成器盖板

图3-46　拆卸预充继电器插接器

3) 安装。将电气性能完好和外观完好的继电器安放在电气安装板的铆螺柱上，然后将平垫、弹垫安放在继电器上，最后用套筒扳手将螺母紧固在铆螺柱上。

6. 更换动力蓄电池正、负极继电器

（1）拆卸　先拆卸有故障的继电器插接器，用套筒扳手将继电器触点的螺母采样线和大线拆下（连接线要做好绝缘防护），然后利用套筒扳手将固定在电气安装板上的继电器拆下（图3-47），最后将损坏的继电器标明故障原因单独放置。

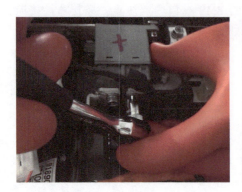

图3-47 拆卸正极继电器

（2）安装　将电气性能和外观完好的继电器安放在电气安装板的铆螺柱上，然后将平垫、弹垫安放在继电器上，最后利用套筒扳手将螺母紧固在铆螺柱上。

（3）连接　按照该蓄电池电气图样要求将蓄电池大线"铜鼻子"分别放在继电器的螺柱上，然后将采样线、平垫、弹垫分别安放在继电器的螺柱上，并用套筒扳手将螺母紧固在螺柱上，最后将内部线束插接在插接器的线圈上。

7. 更换动力蓄电池预充电阻

（1）拆卸　先将有故障的预充电阻两端的螺母用扳手拆下，并将平垫、弹垫和采样线同时拆下，然后利用套筒扳手将固定在电气安装板上的预充电阻拆下，最后将损坏的预充电阻继电器标明故障原因单独放置。

（2）安装　将电气性能和外观完好的预充电阻安放在电气安装板的铆螺柱上，然后将平垫、弹垫安放在铆螺柱上，最后用套筒扳手将螺母紧固在铆螺柱上。

（3）连接　按照该蓄电池电气图样要求将蓄电池预充电阻连接线连接在预充电阻两端，然后将平垫和弹垫分别安放在预充电阻两端的螺柱上，并用扳手将螺母紧固在螺柱上。

8. 检查和调试动力蓄电池

使用动力蓄电池专用检测仪对动力蓄电池进行检查和调试。

拓展：拆解特斯拉Model S蓄电池组

1. 蓄电池组外观

蓄电池组安放在前、后轴之间的底盘位置，其质量可达900kg，因此会造成底盘重心较低，非常利于提高车辆的高速稳定性。蓄电池组几乎占据车辆底盘的全部，但蓄电池组并没有作为承受力的主体，蓄电池组有加强筋和受力框架保护，能大大减低碰撞时的爆炸危险。

图3-48所示为特斯拉Model S 85底部的蓄电池组，它由近7000个18650锂离子蓄电池组成。该蓄电池组附近有加强筋和框架保护，蓄电池组在底盘上的安装位置如图3-49所示。

该蓄电池组整体有标明其身份的铭牌，其中标明了其额定容量为85kWh，供400V直流电。蓄电池组上的铭牌如图3-50所示。

2. 拆解蓄电池箱

图 3-48　特斯拉 Model S 85 底部的蓄电池组

图 3-49　蓄电池组在底盘上的安装位置

图 3-50　蓄电池组上的铭牌

蓄电池组表面不仅有塑料膜保护着，而且塑料膜下面还有防火材料的护板，护板下面是蓄电池组。护板通过螺栓与蓄电池组框架连接，并且连接处涂满了密封黏合剂。卸去连接的螺钉后分开防火板（剥开比较困难）。特斯拉 Model S 动力蓄电池由 16 组蓄电池组串联而成，掀开护板，即可看到蓄电池组，橙色为绝缘接头，每组蓄电池组有 444 个单体蓄电池，共有 7104 个 18650 锂离子蓄电池，每组蓄电池组为串联的连接方式。图 3-51 所示为剥开防火板的蓄电池箱。

图 3-51　剥开防火板的蓄电池箱

拆除蓄电池箱前端顶盖后，可清晰看到排列着2组蓄电池组。整个动力蓄电池的熔丝位于这2组蓄电池组一侧，并且有外壳保护，以防熔丝位置受到撞击。蓄电池组及总熔丝位置如图3-52所示。

该蓄电池熔丝采用德国Bussmann巴斯曼产品，额定电流为630A，额定电压为690V，额定分断电流为700A~200kA。熔丝外观及参数如图3-53所示。

熔丝采用Bussmann巴斯曼产品

额定电流：630A

额定电压：690V

额定分断电流：700A~200kA

电阻值：0.1324mΩ

图3-52　蓄电池组及总熔丝位置　　　　　图3-53　熔丝外观及参数

蓄电池箱中的16组蓄电池组均衡平铺在壳体上，整体结构紧凑，平铺有利于散热。每组蓄电池组由6组单体蓄电池包串联而成，但单体蓄电池包的布置并没有采用均衡布置，而是采用不规则的结构。每组蓄电池组之间都有金属梁隔开，蓄电池组有纤维板保护。蓄电池组在箱体内的布置如图3-54所示。

图3-54　蓄电池组在箱体内的布置

经测量，整个动力蓄电池的电压为313.8V，显然这个蓄电池并没有达到额定的输出电压，可能蓄电池电量并不充足。图3-55所示为测量蓄电池总电压。

经测量，蓄电池组电压为196.3V，即每一个单体蓄电池包的电压为32.72V。显然蓄电池组同样属于高压。图3-56所示为测量单体蓄电池组电压。

蓄电池组内每一个单体蓄电池都有熔丝连接着，当单体蓄电池出现温度过高时，熔丝会自动熔断以保护整组蓄电池。图3-57中可以看到单体蓄电池的连接线。蓄电池组中央有线连接到蓄电池控制模块，这些线用来检测蓄电池组的电压，从而保证蓄电池组正常工作。

项目3 | 电动汽车动力蓄电池系统的结构、原理与检修

图 3-55　测量蓄电池总电压　　　　　　图 3-56　测量单体蓄电池组电压

3. 连接细节

每组蓄电池之间都采用金属隔板分隔开。前端蓄电池组已拆除时,可见到蓄电池组底部同样有纤维板保护,并没有直接接触到底座。图 3-58 所示为蓄电池组安装底板及冷却液管路。

图 3-57　单体蓄电池的连接线　　　　　　图 3-58　蓄电池组安装底板及冷却液管路

蓄电池组整体由透明塑料壳包裹住,两侧由金属散热护板包围。蓄电池厚度比脚掌稍稍厚些,属于扁长形蓄电池组,从而能让车辆重心大大降低。图 3-59 所示为单独的蓄电池组外观。

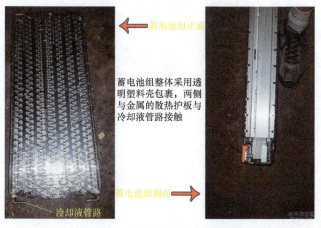

图 3-59　单独的蓄电池组外观

每组蓄电池组都通过中间 2/0 主线进行连接,最后并联汇集到输出端的继电器中。输出端的正、负继电器负责汇集各个蓄电池组的电源和连接对外插接器。正、负继电器的安装位置及外观如图 3-60 所示。

蓄电池箱中央有一条 2/0 主线,每组蓄电池组都通过该主线串联输出电流,因

此 2/0 主线尤其重要。特斯拉电动汽车采用美国 Champlain 的专门为电动汽车生产的线缆，其最高可承受 600V 电压，并且可在 -70~150℃ 之间工作。2/0 主线不仅有护板保护，而且还有防火材料包裹。图 3-61 所示为 2/0 主线布置及结构。

图 3-60　正、负继电器的安装位置及外观

图 3-61　2/0 主线布置及结构

4. 蓄电池热管理与 BMS 拆解

蓄电池箱内除了蓄电池组外，最多的是冷却液管路。冷却液通入蓄电池组内，并且通过铝管在蓄电池组内流动。拆解的时候并没有发现水泵或者温度控制器，虽然冷却液并没有水泵驱动，但蓄电池组所有管路都是相通的，冷却液可以靠热胀冷缩在一定范围内流动。冷却液管路的布置如图 3-62 所示。

图 3-62　冷却液管路的布置

冷却液呈绿色，由 50% 的水和 50% 的乙二醇混合而成。冷却液配合着铝管使用主要是为了保持蓄电池温度的均衡，防止蓄电池局部温度过高导致蓄电池性能下降。特斯拉电动汽车的蓄电池热管理系统可将蓄电池组之间的温度控制在 ±2℃。控制好蓄电池组的温度可延长蓄电池的使用寿命。

5. 蓄电池管理系统位置

每一组蓄电池组都有其独立的蓄电池管理系统（BMS），位于蓄电池组的侧面。蓄电池管理系统主要功能包括数据采集、蓄电池状态计算、能量管理、热管理、安全管理、均衡控制和通信功能等。蓄电池管理系统电路板如图 3-63 所示。

图 3-63　蓄电池管理系统电路板

任务 2　检修动力蓄电池

学习目标

1. 了解蓄电池管理系统（BMS）的功能。
2. 了解动力蓄电池充、放电过程。
3. 掌握动力蓄电池的故障显示和常见故障。
4. 掌握检修动力蓄电池故障的方法。

客户委托：检修动力蓄电池。

任务描述

一辆北汽 EV160 电动汽车不能起动，诊断仪显示为动力蓄电池故障，请排除此故障。

知识准备

一、蓄电池管理系统（BMS）的结构及原理

随着电动汽车越来越多，除高能量密度、高安全性的蓄电池越来越重要之外，蓄电池管理系统的重要性也日益提高。不同的动力蓄电池具有不同的性质，即使是同一类型的蓄电池，性质也存在不一致性，在使用过程中可能会出现扩大化造成事故发生。因此对动力蓄电池系统进行有效的管理以确保电动汽车的安全显得十分重要，同时也需要保证蓄电池系统的性能稳定、延长蓄电池的使用寿命、提高蓄电池使用效率。

蓄电池管理系统（Battery Management System，BMS）通过检测蓄电池组中各单体蓄电池的状态来确定整个蓄电池系统的状态，并根据它们的状态对动力蓄电池系统进行对应的控制调整和策略实施，实现对动力蓄电池系统及各单体蓄电池的充、放电管理以保证动力蓄电池系统安全稳定地运行，并向整车控制器上报动力蓄电池

系统的基本参数及故障信息。

图 3-64 所示为某车型蓄电池管理系统通信结构。它通过采用 CAN 总线技术实现各模块之间及外部设备之间的数据信息通信。基于各个模块的功能，BMS 能实时检测动力蓄电池的电压、电流、温度等参数，对动力蓄电池进行热管理、均衡管理、高压及绝缘检测等，并且能够计算动力蓄电池剩余容量、充放电功率以及 SOC&SOH。

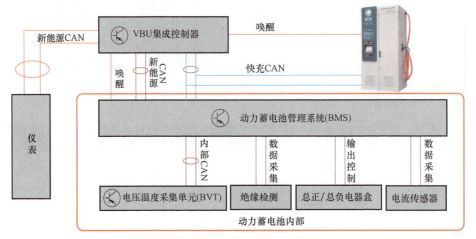

图 3-64　某车型蓄电池管理系统通信结构

1. 数据采集

作为蓄电池管理系统中其他功能的基础与前提，数据采集的精度和速度能够反映蓄电池管理系统的优劣。蓄电池管理系统的其他功能例如 SOC 分析、均衡管理、热管理功能等都是以采集获取的数据为基础进行分析及处理的。数据采集的对象一般为电压、电流、温度。在实际使用过程中，蓄电池在不同温度下的电化学性能不同，导致蓄电池所放出的能量不同。锂离子动力蓄电池对电压和温度比较敏感，因此在对蓄电池的 SOC 进行评估时必须考虑温度的影响。

2. 状态分析

对蓄电池状态的分析主要是蓄电池剩余电量及蓄电池老化程度这两个方面，即 SOC 评估和 SOH 评估。SOC 能够让驾驶人获得直接的信息，了解到剩余的电量对续航里程的影响。现阶段的研究很多都集中在对 SOC 的分析上，不断加强其精确度。SOC 的分析会受到 SOH 的影响，蓄电池的 SOH 在使用过程中受到温度、电流等持续影响而需要不断进行分析，以确保 SOC 分析的准确性。目前对 SOC 的分析方法主要有电荷计量法、开路电压法、卡尔曼滤波法、人工神经网络算法和模糊逻辑法等。

3. 均衡控制

由于生产制造和工作环境的影响会造成单体蓄电池的不一致性，在电压、容量、内阻等性质上出现差别，导致每个单体蓄电池在实际使用过程中有效容量和充放电量是不一样的。因此，为保证蓄电池系统的整体性能和延长使用寿命，减少单体蓄电池之间的差异性，对蓄电池进行均衡控制是十分必要的。

均衡管理有助于蓄电池容量的保持和放电深度的控制。如果没有对蓄电池进行均衡控制，由于蓄电池管理系统的保护功能设置，就会出现某个单体蓄电池充满电时其他单体蓄电池没有充满或者某个最小电量的单体蓄电池放电截止时其他单体蓄电池还没有达到放电截止限制的现象。一旦蓄电池出现过充或者过放，蓄电池内部会发生一些不可逆的化学反应导致蓄电池的性质受到影响，从而影响蓄电池的使用寿命。BMS 均衡管理分类见表 3-4 和表 3-5。

表 3-4　BMS 均衡管理分类（一）

按均衡管理电路结构分类	定义	优点和缺点
集中式均衡	蓄电池组内所有的单体蓄电池共用一个均衡器来进行均衡控制	优点是通信简单直接，进行均衡速度快；缺点是单体蓄电池与均衡器之间的线束排布复杂，不适合单体蓄电池数量多的蓄电池系统
分布式均衡	一个或若干个单体蓄电池专用一个均衡器	优点是能够解决前者线束方面的问题；缺点是成本高

表 3-5　BMS 均衡管理分类（二）

按均衡管理控制方式分类	定义	优点和缺点
主动均衡	又称非耗散型均衡，形象地说就是进行单体蓄电池之间的能量转移。将能量高的单体蓄电池中的能量转移到能量低的单体蓄电池上以达到能量均衡目的	优点是效率高，能量转移而不是被消耗；缺点是结构复杂，成本高
被动均衡	又称耗散型均衡，利用并联电阻等方式将能量高的单体蓄电池中能量消耗至与其他单体蓄电池均衡的状态，就是通过放电均衡办法让蓄电池组内的单体蓄电池电压趋于一致	优点是成本低，容易实现；缺点是能量浪费

4. 热管理

蓄电池系统在不同运行工况下由于其自身有一定的内阻，在输出功率、电能的同时会产生一定的热量从而产生热量累积使蓄电池温度升高，空间布置的不同使得各处蓄电池温度并不一致。当蓄电池温度超出其正常工作温度区间时，必须限功率工作，否则会影响蓄电池的使用寿命。为了保证蓄电池系统的电性能和使用寿命，动力蓄电池系统一般有热管理系统。蓄电池热管理系统是用来确保蓄电池系统工作在适宜温度范围内的一套管理系统，主要由蓄电池箱、传热介质、监测设备等部件构成。蓄电池管理系统在热管理上的主要功能是对蓄电池温度进行准确的测量和监控，在蓄电池组温度过高时通过有效散热和通风来保证蓄电池组温度场的均匀分布；在低温的条件下，能够进行快速加热使蓄电池组达到能够正常工作的环境。

5. 安全保护

安全保护作为整个蓄电池管理系统最重要的功能，是基于前面 4 个功能进行的，主要包括过电流保护、过充过放保护、过温保护和绝缘监测。

（1）过电流保护　由于蓄电池都具备一定的内阻，当蓄电池在工作时电流过大会造成蓄电池内部发热,热量积累增加造成蓄电池温度上升,从而导致蓄电池的热稳定性下降。对于锂离子蓄电池来说,正、负极材料脱嵌锂离子能力是一定的,当充、放电电流大于其脱嵌能力时,将导致蓄电池的极化电压增加,导致蓄电池的实际容量减小影响蓄电池的使用寿命,严重时会影响蓄电池的安全性。蓄电池管理系统会判断电流值是否超过安全范围,一旦超过即会采取相应的安全保护措施。

(2) 过充过放保护　在充电过程中,充电电压超过蓄电池截止充电电压时,将会引起正极晶格结构被破坏,导致蓄电池容量变小;并且电压过高会进而造成正、负极短路,有发生爆炸的隐患。过充电是被严格禁止的。BMS 会检测系统中单体蓄电池的电压,当电压超过充电限制电压时,BMS 会断开充电电路从而保护蓄电池系统。

在放电过程中,放电电压低于蓄电池放电截止电压时,蓄电池负极上的金属集流体将被溶解,给蓄电池造成不可逆的损害。给过放电的蓄电池充电时,会有内部短路或者漏液的可能。当电压超过放电限制电压时,BMS 会断开放电电路从而保护蓄电池系统。

(3) 过温保护　对于过温保护,需要结合上面的热管理功能进行。蓄电池活性在不同温度下是不同的。长时间处在高温环境下,蓄电池材料的结构稳定性会变差,从而缩短蓄电池的使用寿命。低温下蓄电池活性受限会造成可用容量减小,尤其是充电容量将变得很低,同时可能产生安全隐患。蓄电池管理系统能够在蓄电池温度超过高温限制值或是低于低温限制值时,禁止进行充、放电。

(4) 绝缘监测　绝缘监测功能是保证蓄电池系统安全的重要功能之一。蓄电池系统电压通常有几百伏,一旦出现漏电将会对人员形成危险,所以绝缘监测功能就显得相当重要。蓄电池管理系统(BMS)具有绝缘监测功能,当监测到的绝缘电阻值低于规定值时,BMS 会将对应的绝缘故障码上报给整车控制器(VCU),整车上则由组合仪表来进行代码显示和故障灯警告。当组合仪表上显示了故障码或警告灯时,表示此时车辆出现了绝缘故障,必须马上进行故障排查,以免出现人身安全事故。

二、动力蓄电池系统的充、放电管理

1. 动力蓄电池内部充电原理

某车型动力蓄电池内部电路原理简图如图 3-65 所示。

(1) 充电之前——加热　充电初期,蓄电池管理系统监测到每个蓄电池组的温度,并计算出最大值与最小值。当监测到单体蓄电池温度低于设定值时,BCU 控制加热继电器闭合,通过加热元件、加热熔断器接通电路,进行加热。

(2) 预充电　在充电初期,VCU 唤醒 BMS,BMS 进行自检和初始化,完成后上报给 VCU。VCU 控制主负继电器闭合,BMS 控制预充继电器闭合,对各单体蓄电池进行预充电,确定单体蓄电池无短路后,BMS 断开预充继电器,预充完成。

(3) 上电　预充电完成之后,BMS 断开预充继电器,闭合主正继电器,对蓄电池组进行上电。

2. 动力蓄电池内部放电原理

(1) 放电状态应具备的条件

1) 动力蓄电池内部放电条件如下:

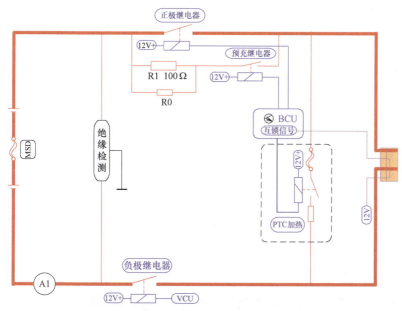

图 3-65 某车型动力蓄电池内部电路原理简图

① 储电能量>10%（SOC）。
② 蓄电池温度在-20~55℃。
③ 单体蓄电池温度差<25℃。
④ 实际单体蓄电池最低电压不小于额定单体蓄电池电压0.4V。
⑤ 单体蓄电池电压差<300mV。
⑥ 绝缘性能>500Ω/1V。
⑦ 动力蓄电池内部低压供电、通信正常。
⑧ 蓄电池监测系统工作正常（电压、电流、温度、绝缘）。

2）动力蓄电池外部放电条件如下：
① BMS常电供电正常（12V正、负极）。
② ON信号正常。
③ VCU唤醒信号正常。
④ CAN线通信正常（新能源CAN线）。
⑤ 高压线束连接正常。
⑥ 高压线束及电气设备绝缘性能>500Ω/1V。
⑦ 充电连接确认信号线或充电唤醒信号线无短路（VCU到充电机或充电连接线束）。

（2）放电过程
1）放电初期——预充。VCU唤醒BMS，BMS进行自检和初始化，完成后上报给VCU。VCU发出高压上电指令，BMS开始按顺序控制继电器的闭合和断开。

因电路中电机控制器和空调压缩机控制器等含有电容器，在放电模式初期，BMS控制预充继电器进行闭合，须低电压、小电流给各控制器电容器充电，当电容器两端电压接近蓄电池总电压时，断开预充继电器。

途经路线：蓄电池组正极端为蓄电池组-紧急开关-主熔断器-蓄电池组正极-预充

电阻-预充继电器-高压插接器-车载充电机-电机及辅助电器元件；蓄电池组负极端为蓄电池组负极-电流传感器-主负继电器-高压插接器-车载充电机-电机及辅助电器元件。上述路线构成回路，完成预充。

2）下电。预充电完成之后，BMS断开预充继电器并闭合主正继电器，蓄电池组进行放电。

途经路线：蓄电池组正极端为蓄电池组-紧急开关-主熔断器-蓄电池组正极-主正继电器-高压插接器-车载充电机-电机及辅助电器元件；蓄电池组负极端为蓄电池组负极-电流传感器-主负继电器-高压插接器-车载充电机-电机及辅助电器元件。上述路线构成回路，完成放电。

3. 绝缘监测

动力蓄电池BMS具有高压电路绝缘监测功能，监测蓄电池组与箱体、车体等之间的绝缘状况。

三、动力蓄电池系统故障显示

纯电动汽车故障灯大多数与普通汽车故障灯一样，分为指示灯、警告灯、指示/警告灯3类。纯电动汽车故障灯同样用颜色代表故障程度：红色=危险/重要提醒；黄色=警告/故障；绿色/蓝色/白色=指示/确认启用。

北汽EV200电动汽车仪表上只显示动力蓄电池故障及动力蓄电池系统断开两种故障信息。表3-6为北汽EV200电动汽车仪表显示的动力蓄电池指示灯及功能说明。

表3-6 北汽EV200电动汽车仪表显示的动力蓄电池指示灯及功能说明

图标	颜色	名称	故障说明
	黄色	动力蓄电池电量不足指示灯	当动力蓄电池电量低于30%时,该指示灯亮起。当动力蓄电池电量高于35%时,故障灯就会熄灭
	黄色	动力蓄电池切断故障指示灯	灯亮表示动力蓄电池不能提供动力,蓄电池动力已切断,需及时维修
	红色	动力蓄电池故障指示灯	灯亮表示动力蓄电池可能存在故障,需要慢速行驶并及时维修。如果能够感觉到明显的故障最好不要再驾驶车辆,应直接申请救援
	红色	动力蓄电池绝缘电阻低指示灯	灯亮表示动力蓄电池绝缘性能降低,如果不能恢复,则需要及时进行维修
	红色	动力蓄电池过热警告灯	灯亮表示说明动力蓄电池过热,此时最好不要继续行驶,应该靠边停车,等待蓄电池冷却。在蓄电池冷却,故障灯熄灭后才可继续行驶

四、动力蓄电池系统诊断与检修

1. 动力蓄电池故障等级说明

动力蓄电池故障可划分为 3 个等级,见表 3-7。

表 3-7 动力蓄电池故障等级

一级故障(非常严重)	二级故障(严重)	三级故障(轻微)
动力蓄电池上报该故障一段时间后会造成整车出现安全事故(如起火、爆炸、触电等)。动力蓄电池在正常工作下不会上报该故障,BMS一旦上报该故障表明动力蓄电池处于严重故障状态。动力蓄电池在此状态下功能已经丧失,请求其他控制器立即(1s 内)停止充电或放电。如果其他控制器在指定时间内未做出响应,蓄电池管理系统将在 2s 后主动停止充电或放电(即断开高压继电器)。例如蓄电池内部短路、温度过高;请求其他控制器立即(1s 内)停止充电或放电	动力蓄电池上报该故障会造成整车进入跛行、暂时停止能量回馈、停止充电。动力蓄电池正常工作下不会上报该故障,BMS一旦上报该故障表明动力蓄电池某些硬件出现故障或动力蓄电池处于非正常工作的条件下。动力蓄电池在此状态下功能已经丧失,请求其他控制器停止充电或者放电;其他控制器应在一定的延时时间内响应动力蓄电池停止充电或放电请求。例如 BMS 内部通信故障、绝缘电阻过低	动力蓄电池上报该故障对整车无影响或不同程度地造成整车进入限功率行驶状态。动力蓄电池正常工作状态可能上报该故障,BMS一旦上报该故障表明动力蓄电池处于极限环境温度下或单体蓄电池一致性出现一定劣化等。动力蓄电池在此状态下性能下降,蓄电池管理系统降低最大允许充/放电电流。例如单体蓄电池欠电压、温度不均衡

2. 故障等级对应的故障

某车型一级故障对应部分故障名称、故障码及对整车的影响见表 3-8。

表 3-8 某车型一级故障对应部分故障名称、故障码及对整车的影响

故障名称	故障码	故障码	对整车的影响
单体蓄电池过电压	P0004	P118822	行车模式:蓄电池放电电流降为 0,断高压,无法行车 车载充电:请求停止充电/停止加热,主正、主负继电器断开 直流快充:BMS 发送终止充电信号,主正、主负继电器断开
蓄电池外部短路(放电过流)	P0006	P118111	
温度过高	P0007	P0A7E22	
蓄电池内部短路	P0014	P118312	

某车型二级故障对应部分故障名称、故障码及对整车的影响见表 3-9。

表 3-9 某车型二级故障对应部分故障名称、故障码及对整车的影响

故障名称	故障码	对整车的影响
单体蓄电池欠电压	P0269	行车模式:限功率至放电电流 25A
BMS 内部通信故障	P0279	行车模式:限功率至放电电流 25A,"最大允许充电电流"调整为 0 充电模式:发送请求停止充电。如果上报故障后 2s 内未收到响应,BMS 主动断开高压继电器或加热继电器
BMS 硬件故障	P0284	
BMS 与车载充电机通信故障	P0283	车载充电模式:请求停止充电,或请求停止加热。如果上报故障后 2s 内未收到响应,BMS 主动断开高压继电器或加热继电器
温度过高	P0258	行车模式:限功率至放电电流 25A,"最大允许充电电流"调整为 0

(续)

故障名称	故障码	对整车的影响
绝缘电阻过低	P0276	行车模式:限功率至放电电流25A,"最大允许充电电流"调整为0 充电模式:发送请求停止充电。如果上报故障后2s内未收到响应,BMS主动断开高压继电器或加热继电器
加热元件故障	P0281-1	充电模式:请求停止加热。如果上报故障后2s内未收到响应,BMS主动断开加热继电器

某车型三级故障对应部分故障名称、故障码及对整车的影响见表3-10。

表3-10 某车型三级故障对应部分故障名称、故障码及对整车的影响

故障名称	故障码	对整车的影响	恢复条件
温度过高故障	P1043	行车模式:放电功率降为当前状态的50%	重新上电
绝缘电阻过低	P1047	上报不处理	
电压不均衡	P1046	行车模式:放电功率降为当前状态的40%	
单体蓄电池欠电压	P1040		
温度不均衡	P1045	上报不处理	
放电过流	P1042	行车模式:放电功率降为当前状态的50%	

某车型故障名称对应的故障说明及故障阈值见表3-11。从表3-11中可以看到达到一定的电压、电流、电阻和时间时才能够存储故障码。

表3-11 某车型故障名称对应的故障说明及故障阈值

故障名称	故障说明	故障阈值	故障等级
蓄电池包外部短路	蓄电池包外部高压电路存在短路	320A,1s	L1
蓄电池包内部短路	蓄电池包内部高压电路存在短路	50mV,1s	L1
继电器粘连	继电器无法正常断开	N/A	L1
继电器开路	继电器无法正常闭合	N/A	L2
绝缘电阻过低	蓄电池包内部绝缘电阻低于规定阈值	40kΩ,2s	L1
绝缘电阻过低	蓄电池包内部绝缘电阻低于规定阈值	200kΩ,2s	L2
BMS与车载充电机通信故障	BMS连续5s收不到充电机的报文	N/A	L1
内部通信故障	BMS接受不到单体蓄电池电压或电流信息	5s	L2
高压母线连接故障	HVIL电路开路	N/A	L1
BMS硬件故障	总电压/总电流采集异常、EEPROM读写异常、绝缘电路故障	N/A	L2
主熔断器开路	蓄电池总电压采集与Vsum相差50%	N/A	L2

3. 动力蓄电池故障诊断步骤与数据流

(1) 动力蓄电池故障诊断步骤

1) 连接整车OBD通信接口。

2）连接诊断仪及相关 ECU。

3）整车上低压电。

4）运行诊断仪软件程序，诊断整车故障情况。

5）分析故障信息，查找故障部位。

（2）动力蓄电池数据流　通过专用的诊断仪读取动力蓄电池系统数据流。图 3-66 所示为某车型动力蓄电池对应数据流。可以根据数据流来了解动力蓄电池的工作状态。

某些厂家还有具体的监控蓄电池工作的软件，用来读取动力蓄电池的实时数据。图 3-67 所示为某电动汽车动力蓄电池监控的数据。

名称	当前值	单位
动力蓄电池充放电电流	0	A
动力蓄电池SOC	100	%
动力蓄电池单体蓄电池最低电压	3.27	V
动力蓄电池单体蓄电池 最高电压	3.31	V
动力蓄电池当前电流	2.18	A
动力蓄电池单体蓄电池最高温度	15	deg C
动力蓄电池单体蓄电池最低温度	14	deg C
BMS生命信号	0	
动力蓄电池主负继电器状态	On	
动力蓄电池主正继电器状态	On	
冷却风扇状态	On	
加热状态	On	
档位状态	N	
加速踏板信号1电压	0.75	V
加速踏板信号2电压	0.37	V
冷却风扇继电器#1状态	Off	

图 3-66　某车型动力蓄电池对应数据流

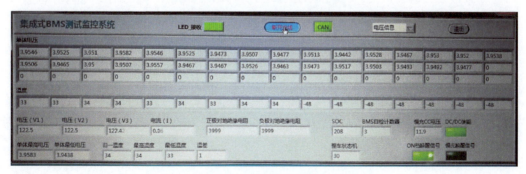

图 3-67　某电动汽车动力蓄电池监控的数据

五、动力蓄电池典型故障处理

1. 继电器粘连

继电器粘连包括正极继电器粘连、负极继电器粘连、预充继电器粘连。

可能原因：继电器失效；外部电路影响 BMS 的检测值，导致误判，常因为高压放电超时导致 BMS 误报正极粘连。

处理措施：更换 PRA；避免连续快速上、下电；重新上电，必要时断开整车 12V 电源。

2. 主熔断器熔断

主熔断器熔断故障表现为动力蓄电池内部电压小于正确电压一定比例。

可能原因：熔断器熔断；蓄电池内部电压检测异常（BMS、线束、PRA）；高压电路连接异常。

处理措施：更换 MSD；检查 BMS、线束和 PRA；检查高压电路连接。

3. 预充电阻断路

预充电阻断路故障表现为在规定时间内没有将负载端电容器预充到动力蓄电池电压一定比例。

可能原因：预充继电器无法闭合；预充电电阻烧毁；负载端电容器容量过大；负载端电容器提前放电。

处理措施：更换 PRA；检查车辆。

4. 高压母线连接故障

高压母线连接故障表现为整车 HVIL（High Voltage Interlock）信号开路。

可能原因：MSD 未安装到位；HVC 未安装到位；HVIL 信号线断路；整车其他部件 HVIL 信号线断路。

处理措施：重新拔插 MSD 并安装到位；重新拔插高压线并安装到位；测量并检查 HVIL 信号线；检查整车其他部件 HVIL 信号线。

5. 绝缘故障

当绝缘检测值低于 500Ω/V 时为二级故障，当绝缘检测值低于 100Ω/V 时为三级故障。

可能原因：蓄电池包进水或其他部位绝缘失效；整车其他高压系统部件绝缘失效。

处置措施：断开蓄电池与整车的高压连接线，单独读取蓄电池绝缘值；更换失效件或蓄电池包除水；检查整车其他高压部件。

6. 蓄电池无法充电

蓄电池无法充电可能原因：远程开关开启；蓄电池报故障；其他原因（车辆故障、供电稳定性故障、通信故障等）。

处理措施：检查远程控制开关状态；处理蓄电池具体的故障；其他措施。

项目4

电动汽车电机及控制系统的结构、原理与检修

任务1 更换驱动电机系统部件

学习目标

1. 了解驱动电机系统的功能。
2. 了解不同种类的电机的特点和性能。
3. 了解驱动电机系统的工作模式。
4. 掌握永磁同步电机和交流异步电机的结构及工作原理。
5. 掌握电机控制器的结构及工作原理。
6. 了解旋转变压器的结构和工作原理。

客户委托：更换驱动电机。

任务描述

一辆 E150EV 车辆行驶 5000km 以后，会出现类似底盘零部件松动的声音，从前机舱内部下方传出，车辆低速滑行过减速带时比较明显，低速时加速和减速时也会频繁出现。拆下电机后检查磨损情况，发现减速器花键和驱动电机输出轴花键磨损严重。作为一名电动汽车的维修技师，请你为客户的车辆更换驱动电机总成。

知识准备

驱动电机系统是新能源汽车车辆行驶的主要执行结构，驱动电机及其控制系统是新能源汽车的核心部件（电池、电机、电控）之一，其驱动特性决定了汽车行驶的主要性能指标，它是电动汽车的重要部件。

电机是应用电磁感应原理运行的旋转的电磁机械，用于实现电能向机械能的转换。运行时，驱动电机从电系统吸收电功率，向机械系统输出机械功率。驱动电机系统还要有能量回收功能。根据设计原理与分类方式的不同，电机的具体构造与成本也有所差异。驱动电机系统主要由电机、电机控制器、各种检测传感器以及电源等部分构成。驱动电机的控制系统通过精确地控制使电机实现快速起动、快速响应、高效率、高转矩输出及高过载能力。针对不同类型的电机，控制系统的原理与方式有很大差别。

一、电动汽车驱动电机的种类及特点

根据不同电动车辆的性能特点，电动汽车对电机有着不同的要求，例如要求电

机具有起动转矩大、恒功率范围宽等特点。电动汽车生产厂家会考虑自己的设计思路和制造成本,选择不同类型的电机。

1. 驱动电机的要求

电动汽车对驱动电机的主要要求有起动转矩大、恒功率区宽、调速范围大、效率高、能量回收率高、尺寸小、可靠性好等。图 4-1 所示为电动汽车对驱动电机的要求。

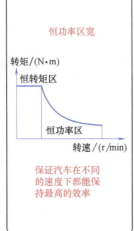

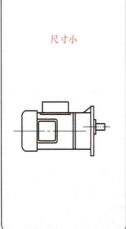

图 4-1 电动汽车对驱动电机的要求

目前汽车专用驱动系统主要有 3 种类型的电机系统,即直流电机驱动系统、永磁同步电机驱动系统、交流感应电机驱动系统。3 种电机系统的特点对照见表 4-1。

表 4-1 3 种电机系统的特点对照

	直流电机	永磁同步电机	交流感应电机
比功率	低	高	中
峰值效率(%)	85~89	95~97	94~95
负荷效率(%)	80~87	85~97	90~92

（续）

	直流电机	永磁同步电机	交流感应电机
转速范围/(r/min)	4000~6000	4000~10000	12000~15000
可靠性	一般	优秀	好
尺寸	大	小	中
代表车型	电动代步车	比亚迪秦、唐	特斯拉 Model S
成本	低	中	低
控制难度	低	一般	高

2. 电动机的类型及特点

（1）无刷直流电动机　蓄电池储存电能，电能是以直流电的方式从蓄电池输出经过转换器传至电动机。直流电动机分为有刷直流电动机和无刷直流电动机，有刷直流电动机因维护不方便已被无刷直流电动机取代，无刷直流电动机已成为入门级电动汽车所使用的最为普遍的一种电动机。在技术特性上，无刷直流电动机可分为具有直流电动机特性的无刷直流电动机和具有交流电动机特性的无刷直流电动机。图 4-2 所示为江淮某电动汽车使用的直流电动机。

由于直流电动机转速范围不大，因此在行驶时如果不辅以二级减速器或变速器，车辆的最高时速会比较低，因此这种电动机更适合小型车或微型车。

（2）异步电动机　异步电动机可归纳到交流电动机范畴。异步电动机具备变频调速的能力，也可轻易通过自身正、反转的切换实现倒车。功能上异步电动机能够满足电动汽车的技术需求，且其自身结构并不复杂，由此带来的是坚固耐用、工作状态稳定、成本易控等优势。图 4-3 所示为异步电动机的外观及特点。图 4-4 所示为特斯拉电动汽车使用的异步电动机与后驱动桥。

图 4-2　江淮某电动汽车使用的直流电动机

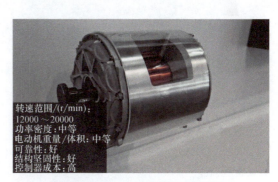

图 4-3　异步电动机的外观及特点

图 4-4　特斯拉电动汽车使用的异步电动机与后驱动桥

异步电动机实现动能回收也更为容易。车辆滑行或制动时,车轮将反拖电动机转动,在这个工况下,电动机可进行发电并将电能回收到蓄电池中,以此延长车辆的续航里程。

(3)永磁同步电动机　永磁同步电动机的结构与上面提到的直流电动机相似,因此它具备无刷直流电动机结构简单、运行可靠、功率密度大、调速性能好等特点。同时,由于永磁同步电动机采用的驱动方式不同于直流电动机,所以在噪声以及控制精度方面,永磁同步电动机更胜一筹。永磁同步电动机的体积更小,布置更为灵活,更轻的自重对减轻整车重量也有所贡献。

课堂练习:在图4-5所示不同品牌的电动汽车中,哪些车型装备了永磁同步电动机?

比亚迪E6

腾势

宝马i3

沃蓝达Volt

图4-5　不同品牌的电动汽车

永磁同步电动机的外观及特点如图4-6所示,永磁同步电动机的内部结构如图4-7所示。

图4-6　永磁同步电动机的外观及特点

图4-7　永磁同步电动机的内部结构

有些混合动力车型的电动机集成在发动机和变速器之间。这种技术结构的混动系统大多数使用永磁同步电动机。图4-8所示为奥迪混动系统永磁同步电动机的结构。

图4-8 奥迪混动系统永磁同步电动机的结构

> 小知识：特斯拉电动汽车为什么不使用永磁同步电动机？
> 从技术优势来看，永磁同步电动机应该成为高端电动汽车必用的一个类型，但特斯拉Model S使用的则是异步电动机类型。尽管在重量和体积方面，异步电动机并不占优势，但其转速范围广泛以及高达20000r/min左右的峰值转速使其即使不匹配二级差速器也能够满足该级别车型高速巡航的转速需求，至于重量对续航里程的影响，高能量密度的18650蓄电池能够弥补电动机重量的劣势。此外，异步电动机稳定性优秀也是特斯拉选择其的重要原因。

（4）开关磁阻电动机　开关磁阻电动机是一个很具发展潜力的电动机，它除了具备结构简单、坚固耐用、工作可靠、效率高等优势外，其调速系统可控参数多且经济指标比其他类型电动机都好，功率密度更高，电流达到额定电流的15%时即可实现100%的起动转矩。另外，其更小的体积使得电动汽车的整车设计更为灵活，可以将更大的空间贡献给车内，更为重要的是这种电动机的成本不高。

开关磁阻电动机的结构虽然简单，但控制系统的设计相对复杂，特别是在研发阶段，现有技术很难为其建立准确的数学模型。在实际运转过程中，电动机本身发出的噪声以及振动是电动汽车无法"容忍"的，尤其是负载运行的工况下，这两点尤为明显。综上所述，这类电动机或许在未来能够通过技术优化克服致命缺点，广泛应用于电动汽车领域，能够帮助电动汽车提升续航里程。

（5）轮毂电机　轮毂电机技术就是车轮内装电机，是将动力、传动装置和制动装置整合在一起放入车轮内部，使电动机直接驱动车轮行驶。图4-9所示为轮毂电机结构。轮毂电机会给簧下质量带来过重的负担，进而影响车辆的操控性能。米其林推出的轮毂电机如图4-10所示，其体积和重量比传统的轮毂电机小得多，并且集成了减振系统。

图 4-9 轮毂电机结构

图 4-10 米其林推出的轮毂电机

二、驱动电机系统工作模式

驱动电机系统由驱动电机（PMMS）、驱动电机控制器（MCU）构成，通过高低压线束、冷却管路与整车其他系统连接。驱动电机系统结构如图 4-11 所示。

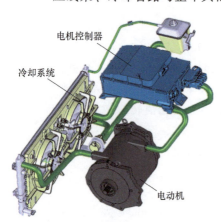

图 4-11 驱动电机系统结构

整车控制器（VCU）根据加速踏板位置、制动踏板位置、档位等信号通过 CAN 网络向电机控制器（MC）发送指令，实时调节驱动电机的转矩输出，以实现整车的怠速、加速、停车、能量回收等功能。电机控制器能对自身温度、电机的运行温度、转子位置进行实时监测，并把相关信息传递给整车控制器（VCU），进而调节水泵和冷却风扇工作，使电机保持在理想状态下工作。

电动车辆的行驶模式有 D 位加速行车、R 位倒车、制动能量回收等工况。下面以某电动车型为例介绍驱动电机系统在不同的行驶模式不同的工作状态。

1. D 位加速行车

当驾驶人将变速杆置于 D 位并踩加速踏板时，档位信息和加速信息通过信号线传递给整车控制器（VCU），VCU 把驾驶人的操作意图通过 CAN 线传递给驱动电机控制器（MCU），由驱动电机控制器（MCU）结合旋变传感器信息（转子位置）向永磁同步电动机的定子通入三相交流电，三相电流在定子绕组的电阻上产生电压降。由三相交流电产生的旋转电枢磁动势及建立的电枢磁场，一方面切割定子绕组并在定子绕组中产生感应电动势；另一方面以电磁力拖动转子以同步转速正向旋转。随着加速踏板行程不断加大，电机控制器控制 IGBT 导通频率上升，电动机的转矩随着电流的增加而增加，因此，基本上拥有最大的转矩。随着电动机转速的增加，电动机的功率增加，电压随之增加。

在电动汽车上，一般要求电动机的输出功率保持恒功率，即电动机的输出功率不随转速增加而变化，这就要求在电动机转速增加时，电压保持恒定。与此同时，电机控制器会通过电流传感器和电压传感器感知电动机当前功率、消耗电流大小、电压大小，并把这些信息数据通过 CAN 网络传送给仪表。

2. R 位倒车

当驾驶人将变速杆置于 R 位时,驾驶人请求信号将发给 VCU,再通过 CAN 线发送给 MCU,此时 MCU 结合当前旋变传感器信息(转子位置)改变 IGBT 模块来改变 W\V\U 通电顺序,进而控制电机反转。

3. 制动时能量回收

能量回收系统会在车辆滑行或制动过程中,使驱动电机从驱动状态转变成发电状态,将车辆的动能转换为电能储存在动力蓄电池中。

车辆在滑行或制动时,VCU 会根据当前动力蓄电池状态和制动踏板位置信号,计算能量回收转矩并发送指令给电机控制器,启动能量回收功能。制动能量回收传递路线与能量消耗相反。图 4-12 所示为某车型仪表显示制动能量回收图标。

蓄电池管理系统(BMS)可以根据蓄电池充电特性曲线(充电电流、电压变化曲线与蓄电池容量的关系)和采集蓄电池温度等参数计算出相应的允许最大充电电流。MCU 根据蓄电池允许最大充电电流,通过控制 IGBT 模块使"发电机"定子绕组旋转,磁场角速度与电机转子角速度保持到发电电流不超过允许最大充电电流,以调整发电机向动力蓄电池充电的电流,同时控制车辆的减速度。

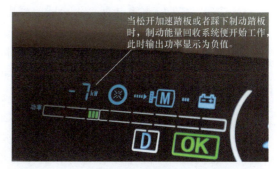

图 4-12 某车型仪表显示制动能量回收图标

当踩下制动踏板时,该过程 MCU 输出的电流频率会急剧下降,馈能电流在 MCU 的调节下充入高压蓄电池。当 IGBT 全部关闭时,在当前的反拖速度和模式下为最大馈能状态,此时 MCU 对"发电机"没有实施速度和电流的调整,"发电机"所发的电量全部转移给动力蓄电池,由于发电机负载较大,此时车辆减速较快。

某车型能量回收的条件:蓄电池包温度低于 5℃ 时,能量不回收。单体蓄电池电压在 4.05~4.12V 时,能量回收 6.1kW;单体蓄电池电压超过 4.12V 时,能量不回收;低于 4.05V、能量满反馈 SOC 大于 95%、车速低于 30km/h 时,没有能量回收功能。能量回收及辅助制动力大小与车速和踩下制动踏板行程相关。

4. E 位行驶

E 位为能量回收档位,在车辆正常行驶时 E 位与 D 位的根本区别在于 MCU 和 VCU 内部程序、控制策略不同。在加速行驶时 E 位相对于 D 位来说提速较为平缓,蓄电池放电电流较为平缓,目的是尽可能节省电量以延长行驶距离,而 D 位提速较为灵敏,响应较快,E 位更注重能量回收。松开加速踏板时,驱动电机被车轮反拖发电时所需的"机械能"牵制了车辆的滑行,从而起到了一定的降速、制动的效果,所以 E 位此时的滑行距离比 D 位短。

三、驱动电机系统工作条件

驱动电机系统正常工作要满足的条件如下:
1)高压电源输入正常(绝缘性能大于 20MΩ)。
2)低压 12V 电源供电正常(电压范围 9~16V)。

3)与整车控制器通信正常。
4)电容器放电正常。
5)旋变传感器信号正常。
6)三相交流输出电路正常。
7)电机及电机控制器温度正常。
8)开盖保持开关信号正常。

四、永磁同步电动机的结构及工作原理

1. 永磁同步电动机的分类

永磁同步电机可分为交流永磁同步电机（PMSM）、直流无刷永磁电机（BLDCM）和新型永磁电机（混合式永磁电机、续流增磁永磁电机）3大类，目前电动汽车主要采用的是前两类。

永磁同步电动机转子磁路结构不同，则电动机的运行特性、控制系统等也不同。根据永磁体在转子上的位置的不同，永磁同步电动机主要可分为凸装式和内置式两种。在凸装式永磁同步电动机中，永磁体通常呈瓦片形，并位于转子铁心的外表面上（图4-13）；这种电机的重要特点是直、交轴的主电感相等。内置式永磁同步电机的永磁体位于转子内部（图4-14），永磁体外表面与定子铁心内圆之间有铁磁物质制成的极靴，可以保护永磁体；这种永磁电机的重要特点是直、交轴的主电感不相等。因此，这两种电机的性能有所不同。

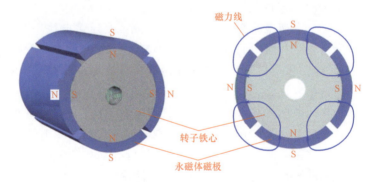

图4-13 凸装式永磁转子

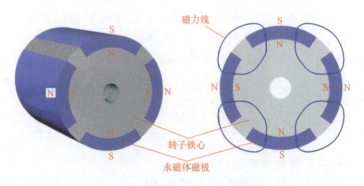

图4-14 内置式永磁转子

2. 永磁同步电动机的结构

交流永磁同步电动机主要由定子（铝合金）、转子（永磁）、前端盖、后端盖和旋变传感器组成。某车型永磁同步电动机结构分解图如图4-15所示。

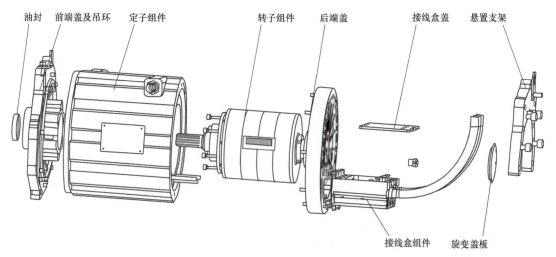

图4-15 某车型永磁同步电动机结构分解图

永磁同步电动机转子实物如图4-16所示，它在硅钢片中间镶嵌了永久磁铁。

3. 永磁同步电动机的机械特性

永磁同步电动机的机械特性曲线如图4-17所示。根据特性曲线可以看出，永磁同步电动机在低转速时转矩最大，随着转速的升高转矩逐渐降低；在低转速时功率随转速增加，在高转速时保持恒定的功率。

图4-16 永磁同步电动机转子实物

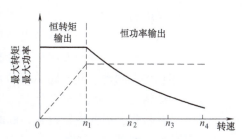

图4-17 永磁同步电动机的机械特性曲线

五、交流异步电动机的结构及工作原理

在电动汽车的应用中，笼型异步电动机的应用较为广泛，其结构简单、造价低、结构坚固，而且维护容易。

1. 交流异步电动机的结构

交流异步电动机由定子和转子两部分组成（在定子和转子之间有一定的气隙），此外，还有端盖、轴承、接线盒、风扇等附件。典型三相笼型交流异步电动机结构如图4-18所示。

定子是用来产生旋转磁场的，在工作时是静止不动的。三相异步电动机的定子一般由外壳、定子铁心、定子绕组等部分组成。转子是电动机的旋转部分，切割定

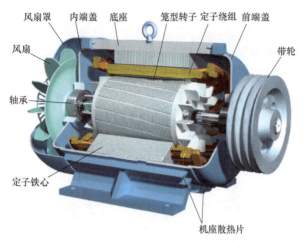

图 4-18 典型三相笼型交流异步电动机结构

子旋转磁场产生感应电动势及电流,并形成电磁转矩而使电动机旋转。转子由转子铁心和转子绕组组成。转子绕组是自成闭路的短路线圈。转子绕组不需要外接电源供电,其电流是由电磁感应作用产生的。它有两种结构形式:笼型转子和绕线转子。交流异步电动机可分为笼型异步电动机和绕线式异步电动机。笼型异步电动机由于构造简单、价格便宜、运行安全可靠、使用方便,因而成为使用最广泛的一种电动机。

2. 交流异步电动机的工作原理

在三相异步电动机中,定子三相对称绕组中通入三相对称电流,交流电流变化一个周期,合成磁场在空间旋转 1 周。电流持续变化,磁场也不断地旋转,从而在电机中产生旋转磁场。旋转磁场在气隙中以同步转速 n_1 旋转。根据电磁感应定律,转子导体受到旋转磁场的磁力线切割,就会在导体中产生感应电动势。在感应电动势的作用下,在导体中产生了感应电流。根据电磁力定律,当在磁场中与磁力线垂直方向上存在载流导体时,将受到电磁力的作用,电磁力将产生与旋转磁场方向相同的电磁转矩,转子在电磁转矩的作用下,以转速 n 克服阻力转动起来,转动方向与旋转磁场的旋转方向相同。

3. 交流异步电动机的特性

交流异步电动机成本低而且可靠性高,逆变器即便损坏而产生短路时也不会产生反电动势,所以不会出现紧急制动的可能性。因此,它广泛应用于大型高速的电动汽车中。三相笼型异步电动机的功率容量覆盖面很广,从零点几瓦到几千瓦。它可以采用空气冷却或液体冷却方式,冷却自由度高、对环境的适应性好,并且能够实现再生制动。其与同功率的直流电动机相比较,效率较高、重量约要轻一半左右。一般情况下,作为电动汽车专用的电动机,由于安装条件是受限制的,而且要求小型轻量化,因此电动机在 10000r/min 以上高速运转时大多采用一级齿轮减速器实现减速。此外,由于振动等恶劣工作环境,低转速状态下需要高转矩,并且要求在较宽的速度范围内具有恒输出功率特性,所以电动汽车用的异步电动机与一般工业用的电动机不同,因此在设计上采用了各种新的方法。

六、电机的传感器

在电机上安装的传感器主要有电机温度传感器和测量电机转速的旋转变压器。

1. 电机温度传感器

电机温度传感器的作用是检测电动机定子绕组的温度,并提供散热风扇起动的信号之一。某车型温度传感器为 PT1000 型热敏电阻,温度在 0℃时阻值为 100Ω,温度每增加 1℃,阻值增加 3.8Ω。散热风扇起动温度值:45℃≤电机温度<50℃时,风扇低速起动;电机温度≥50℃时,风扇高速起动;电机温度降至 40℃时,风扇停止工作。图 4-19 所示为电机温度传感器外观。

2. 旋转变压器

旋转变压器安装在驱动电机上，是一种电磁式传感器，又称同步分解器，用来测量旋转物体的转轴角位移和角速度。在电动汽车上，旋转变压器是测量驱动电机转速并将转速信号传递给电机控制器的元件。

（1）旋转变压器的工作原理　旋转变压器的工作原理和普通变压器基本相似，区别在于普通变压器的一次、二次绕组是相对固定的，所以输出电压和输入电压之比是常数。旋转变压器的一次、二次绕组随转子的角位移发生相对位置的改变，因此其输出电压的大小随转子角

图 4-19　电机温度传感器外观

位移而发生变化，输出绕组的电压幅值与转子转角成正弦、余弦函数关系，或保持某一比例关系。其中，定子绕组作为变压器的一次绕组，接受励磁电压。转子绕组作为变压器的二次绕组，通过电磁耦合得到感应电压。旋转变压器的结构简图如图 4-20 所示。一次侧作为转子，二次侧作为定子，随着两者相对角度的变化，在输出侧就可以得到幅值变化的波形。旋变输出信号幅值随位置变化而变化，但频率不变。

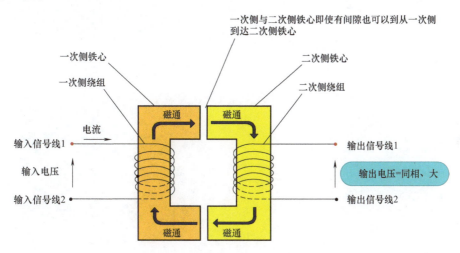

图 4-20　旋转变压器的结构简图

旋转变压器的转动位置与输出电压的关系如图 4-21 所示。如图 4-21a 所示，在两线圈夹角为 0°时，输出电压的大小与输入电压的大小基本相同，频率也相同。如图 4-21b 所示，在两线圈夹角为 90°时，输出电压和输入电压相差最大，输出电压为 0V。如图 4-21c 所示，在两线圈夹角为 0~90°之间时，输出电压小于输入电压但大于 0V。如图 4-21d 所示，在两线圈相位差为 180°时，输出电压与输入电压大小相同、方向相反。

（2）旋转变压器的结构　在电动汽车的电机上应用的旋转变压器，结构上分为绕组和信号齿圈两个部分。绕组固定在壳体上，信号齿圈固定在转子上。绕组由励磁、正弦、余弦 3 组线圈组成。旋转变压器的结构如图 4-22 所示。旋转变压器的转子和定子实物图如图 4-23 所示。

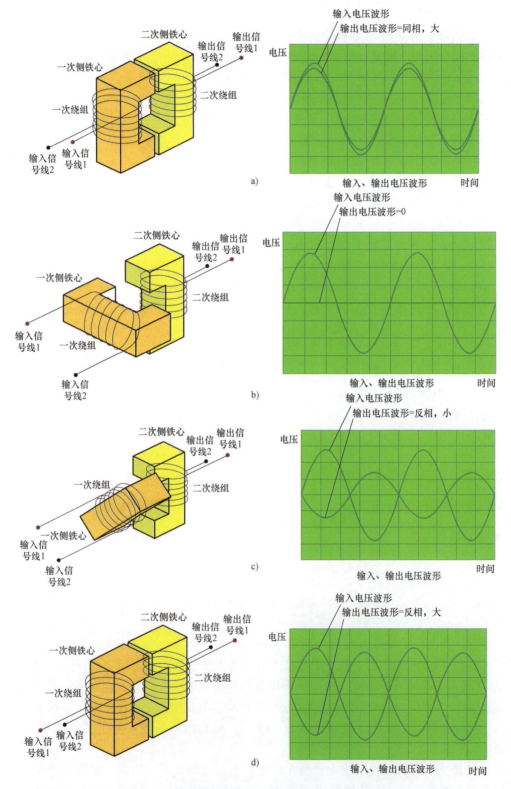

图 4-21 旋转变压器的转动位置与输出电压的关系
a）两绕组相位差为 0° 时输出电压与输入电压关系　b）两绕组相位差为 90° 时输出电压与输入电压关系
c）两绕组相位差为 0~90° 时输出电压与输入电压关系　d）两绕组相位差为 180° 时输出电压与输入电压关系

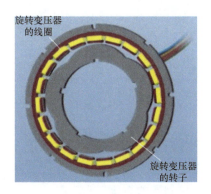

图 4-22 旋转变压器的结构

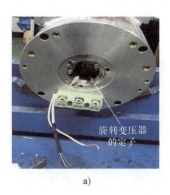
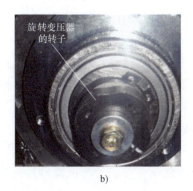

图 4-23 旋转变压器转子和定子实物图
a) 旋转变压器转子实物 b) 旋转变压器定子实物

七、驱动电机的更换

当电机损坏时需要更换电机,更换电机时要按照高压操作的规范进行。图 4-24 所示为某车型永磁同步电动机的安装位置及其相关器件。

图 4-24 某车型永磁同步电动机的安装位置及其相关器件

1. 拆卸驱动电机

参考图 4-24 进行驱动电机的拆卸。

① 将点火开关钥匙置于 OFF 档并关闭所有用电器；将点火开关钥匙从点火开关拔下并妥善保管。

② 断开蓄电池低压负极电缆。

③ 拧开散热器盖。

④ 将车辆举升。

⑤ 拆下前机舱挡板。

⑥ 在下方排放冷却液，并断开电机上的进、出水管路。

⑦ 拔下驱动电机上的低压线束。

⑧ 用专用工具拆下电机控制器的高压插头。

⑨ 拆卸车轮。

⑩ 拔下空调压缩机上的高低压插件，在电机上拆下空调压缩机的固定螺栓，将空调压缩机移动到远离电机位置并固定。

⑪ 拆卸制动钳总成并固定。

⑫ 使用专用工具将驱动轴从制动盘中拔出。

⑬ 用撬棍将驱动轴从变速器中撬出，拔出左、右两个驱动轴。

⑭ 拆卸固定驱动电机的悬架螺栓。

⑮ 从车辆下方拆下驱动电机和减速器总成。

2. 电机总成安装完成后的检查

① 检查水路系统安装是否正确，是否有滴、漏水等异常情况。

② 检查各部件机械部件安装是否牢固。

③ 检查各线缆所连接电源的极性连接是否正确。

④ 检查各电气插接器连接是否到位，相应的插口或锁紧螺钉是否卡紧或拧紧，各高、低压部件的绝缘性是否良好。

任务 2　诊断与排除驱动电机控制系统故障

学习目标

1. 了解电机控制器的工作原理。
2. 掌握驱动电机系统的故障诊断方法。
3. 掌握旋转变压器的故障排除方法。
4. 能够对电机驱动系统的故障进行分析。

客户委托：排除驱动电机系统故障。

任务描述

一位客户的车辆在行驶几千米后偶尔出现掉高压现象，动力蓄电池故障指示灯亮，系统故障灯亮，车辆无法行驶。使用故障检测仪读出故障码为 P0518（电机控制器欠电压故障），确定故障在驱动电机系统，请你维修客户的车辆。

一、电机控制器的结构及功能

驱动电机控制器是控制动力源与驱动电机之间能量传输的装置，由控制信号接口电路、驱动电机控制电路和驱动电路组成。

1. 电机控制器的主要功能

电机控制器安装在前舱内，采用 CAN 通信控制，控制着动力蓄电池到电机之间能量的传输，同时采集电机位置信号和三相电流检测信号，精确地控制驱动电机运行。

电机控制器能将动力蓄电池中的直流电转换为交流电以驱动电机，同时能将车轮旋转的动能转换为电能（交流电转换为直流电）给动力蓄电池充电。

车辆制动或滑行阶段，电机作为发电机使用。它可以完成由车轮旋转的动能到电能的转换，给蓄电池充电。DC/DC 变换器集成在电机控制器内部，其功能是将蓄电池的高压电转换成低压电，给整车低压系统供电。

某车型电机控制器控制框图如图 4-25 所示。

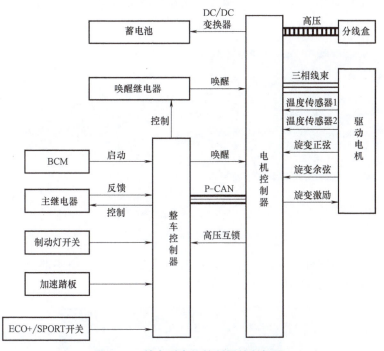

图 4-25　某车型电机控制器控制框图

电机控制器使用以下传感器来提供驱动电机系统的工作信息：

（1）电流传感器　用以检测电机工作的实际电流（包括母线电流、三相交流电流）。

（2）电压传感器　用以检测供给电机控制器工作的实际电压（包括动力蓄电池电压、12V 蓄电池电压）。

（3）温度传感器　用以检测电机控制系统的工作温度（包括 IGBT 模块温度、电机控制器板载温度）。

小知识：

某车型驱动电机控制器的铭牌如图 4-26 所示。从电机的铭牌中可以看到电机型号、冷却方式、电机额定电压、最大输出电流等参数。

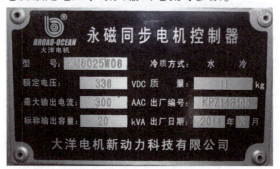

图 4-26　某车型驱动电机控制器的铭牌

2. 电机控制器的结构

电机控制器主要由高压插件、控制主板、IGBT 模块（驱动）、超级电容器、放电电阻、电流感应器、壳体水道等组成。某车型电机控制器的结构如图 4-27 所示。

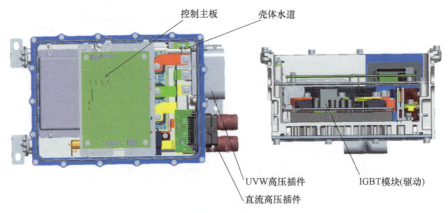

图 4-27　某车型电机控制器的结构

将电机控制器的外端盖打开可以看到内部的电气元件。图 4-28 所示为某电动汽车电机控制器内部的三相输出和直流高低压输入母线。

图 4-28　某电动汽车电机控制器内部的三相输出和直流高低压输入母线

电机控制器内部的超级电容器、控制主板和接口电路如图 4-29 所示。控制主板的功能有与整车控制器通信、监测直流母线电流、控制 IGBT 模块、监控高压线束连接情况（2014 年前生产车辆无此功能）、反馈 IGBT 模块温度、旋转变压器励磁供电、旋转变压器信号分析等。

图 4-29　电机控制器内部的超级电容器、控制主板和接口电路

电机控制器内部的 IGBT 模块和电流感应器如图 4-30 所示。IGBT 模块的功能有监测直流母线电压，将直流电转换为交流电及变频，监测相电流的大小，监测 IGBT 模块温度，将交流电整流为直流电。

图 4-30　电机控制器内部的 IGBT 模块和电流感应器

电机控制器内部的电容器与直流母线的连接和放电电阻如图 4-31 所示。超级电容器接通高压电路时给电容器充电，在电机起动时保持电压的稳定。放电电阻的作用是断开高压电路时，通过电阻给电容器放电。若放电电路故障，则会报放电超时导致高压断电故障。

图 4-31　电机控制器内部的电容器与直流母线的连接和放电电阻

二、逆变器的工作原理

电机控制器作为整个制动系统的控制中心，它由逆变器和控制器两部分组成。逆变器接收蓄电池输送过来的直流电，逆变成三相交流电给汽车电机提供电源。逆变器的核心元件是IGBT模块。某电动汽车IGBT模块外观如图4-32所示。

图4-32 某电动汽车IGBT模块外观

1. IGBT模块的功能

① 信号反馈给电机控制器控制主板。
② 监测直流母线电压。
③ 直流转换交流及变频。
④ 监测相电流的大小。
⑤ 监测IGBT模块温度。
⑥ 三相整流。

2. IGBT模块电路原理

某车型的逆变器内部的IGBT模块电路如图4-33所示。它由6个IGBT（绝缘栅双极晶体管）组成，每一相输出线和正、负直流母线之间各连接一只IGBT，连接正极母线的IGBT与输出端节点称为"上桥臂"，连接负极母线的IGBT与输出端节点称为"下桥臂"，每一相的上、下桥臂统称为"半桥"，6个IGBT的序号一般为$VD_1 \sim VD_6$。

图4-34所示为逆变器中IGBT工作时序图。为了能够将输入的直流变成交流电，6个IGBT会从$VD_1 \sim VD_6$依次间隔60°顺序导通或关断，U/V/W三相的相位差为120°，这也就意味着和第一相（U相）上桥臂导通（或关断）时刻间隔120°的IGBT为第二相（V相）的上桥臂，和第二相（V相）上桥臂导通（或关断）时刻间隔120°的IGBT为第三相（W相）的上桥臂，一个周期的正弦交流电所经过的角度是360°(2π)，其中正半波经过180°(π)会从第二象限进入第三象限，变为负半波并经过180°(π)。在某一相的上桥臂导通区间内下桥臂是不可以导通的，也就是完全关断状态，上桥臂导通180°后立刻关断，这视为此相的正半波。哪一相在上桥臂关断时刻起导通并经过180°(π)，就为此相的下桥臂。

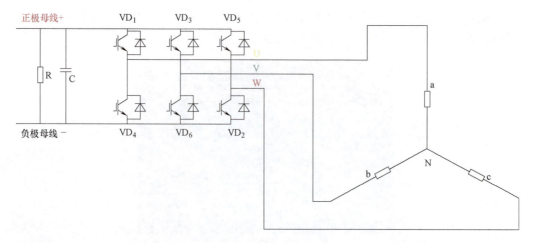

图4-33 IGBT模块电路

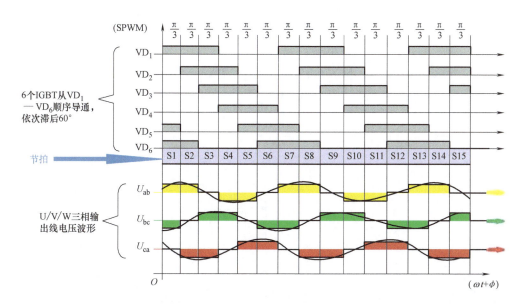

图 4-34 逆变器中 IGBT 工作时序图

每一相间隔 120°循环输出就会产生交流电,连接永磁同步电机后就会建立旋转磁场,电机转子就可以旋转并对外做功。

三、驱动电机系统故障排除

当驱动电机系统出现故障时,驱动电机控制器(MCU)会将故障信息发送给整车控制器(VCU)。整车控制器根据电机、蓄电池、DC/DC 变换器等零部件故障和整车 CAN 网络故障及 VCU 硬件故障进行综合判断,确定整车的故障等级并进行相应的控制处理。整车故障的 4 级划分见表 4-2。

表 4-2 整车故障的 4 级划分

等级	名称	故障后处理
1 级	致命故障	电机零转矩,1s 紧急断开高压,系统故障灯亮
2 级	严重故障	2 级电机故障,电机零转矩;2 级蓄电池故障,系统故障灯亮
3 级	一般故障	进入跛行工况/降功率,系统故障灯亮
4 级	轻微故障	4 级故障属于维修提示,但 VCU 不对整车进行限制,只仪表显示 4 级能量回收故障,仅停止能量回收,行驶不受影响

当仪表报出驱动电机系统故障时(一般情况不会显示具体故障,只报出"驱动电机故障""驱动电机过热""驱动电机冷却液过热""超速"等),使用故障诊断仪读取由电机控制器报出的具体故障,并进行相应处理。

1. 驱动电机系统电路

驱动电机系统电路的良好状态是保证系统正常工作的前提。驱动电机系统电路包括电源电路、旋转变压器电路、高压电路和系统与整车控制器的通信电路。图 4-35 所示为某车型驱动电机系统电路。

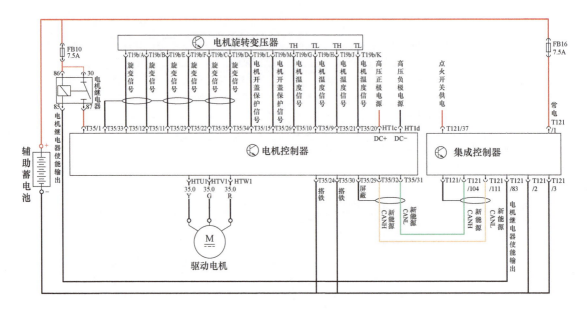

图 4-35 某车型驱动电机系统电路

2. 驱动电机系统低压插件

（1）驱动电机低压插件 某车型驱动电机低压插件端子位置和形状如图 4-36 所示。低压插件为 19 针，主要包括旋转变压器、电机温度传感器和高低压互锁接口。检修电机低压插件时，先确认插件是否连接到位，是否有"退针"现象。

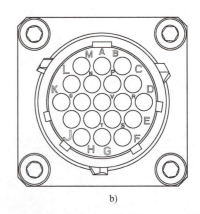

图 4-36 某车型驱动电机低压插件端子位置和形状
a）低压插件位置 b）低压插件形状

某车型驱动电机低压插接器端子定义见表 4-3。

（2）驱动电机控制器低压插件 某车型驱动电机控制器低压插件端子实物及说明如图 4-37 所示。在检修电机控制器低压插件时，先确认插件是否插接到位，是否有"退针"现象。

表 4-3 某车型驱动电机低压插接器端子定义

插接器型号	编号	信号名称	说明
Amphenol RTOW01419PN03	A	激励绕组 R1	电机旋转变压器接口
	B	激励绕组 R2	
	C	余弦绕组 S1	
	D	余弦绕组 S3	
	E	正弦绕组 S2	
	F	正弦绕组 S4	
	G	TH0	电机温度传感器接口
	H	TL0	
	L	HVIL1（+L1）	高低压互锁接口
	M	HVIL2（+L2）	

图 4-37 某车型驱动电机控制器低压插件端子实物及说明

驱动电机控制器低压插接器端子接口定义见表 4-4。

表 4-4 驱动电机控制器低压插接器端子接口定义

型号	编号	信号名称	说明
AMP 35pin C-776163-1	12	激励绕组 R1	电机旋转变压器接口
	11	激励绕组 R2	
	35	余弦绕组 S1	
	34	余弦绕组 S3	
	23	正弦绕组 S2	
	22	正弦绕组 S4	
	33	屏蔽层	
	24	12V_GND	控制电源接口
	1	12V+	
	32	CAN_H	CAN 总线接口
	31	CAN_L	
	30	CAN_PB	
	29	CAN_SHIELD	

（续）

型号	编号	信号名称	说明
AMP 35pin C-776163-1	10	TH	电机温度传感器接口
	9	TL	
	28	屏蔽层	RS485 总线接口
	8	485+	
	7	485-	
	15	HVIL1（+L1）	高低压互锁接口
	26	HVIL2（+L2）	

3. 旋转变压器电路故障排除

在电机与控制器低压线束插接正确时，如果出现旋转变压器故障，一般分为两情况：一种是旋转变压器本身故障，另一种为控制器旋转变压器解码电路故障。不管哪一种故障，都将会出现电机系统无法起动或转矩输出偏小等现象。

下面以某车型为例，检查电机旋转变压器是否损坏。首先检查电机控制器与电机插接低压线束是否有退针与虚接现象，检查电机控制器低压控制插件 12V 供电是否正常。

（1）检查电路的通断　脱开电机控制器插头，测量电机旋转变压器插头 35 的针脚至电机控制器针脚 19 之间是否出现断路/短路情况。

（2）检查励磁绕组的电压　检查励磁绕组的电压，打开点火开关至 ON 档，测量插件端应有 3~3.5V 交流电压。

（3）检查线圈的电阻值　用万用表测量电机旋转变压器的阻值。正确的线圈阻值如下：

① 正弦绕组阻值：拔下插件，测量传感器端子应有（60±10）Ω 电阻。
② 余弦绕组阻值：拔下插件，测量传感器端子应有（60±10）Ω 电阻。
③ 励磁绕组阻值：拔下插件，测量传感器端子应有（30±10）Ω 电阻。

若绕组的阻值超出正常范围，则需更换旋转变压器。若阻值正常，则可能是控制器内部旋转变压器解码电路故障，需更换控制器主控板。

4. 驱动电机系统的故障分析

在排除驱动电机系统的故障时，首先应使用诊断仪检查故障码，根据故障码的提示分析故障可能原因并进行电路和电气元件的检查。驱动电机系统常见故障及排除方案见表 4-5。

表 4-5　驱动电机系统常见故障及排除方案

序号	故障名称	故障码	故障可能原因	排除方案
1	MCU 直流母线过压故障	P114017	1）电机系统突然大功率充电 2）高压电路非正常断开	分析整车数据，如果总线电压报文与实际电压不相符，则需要检查高压供电电路、高压主继电器、高压插件有无异常
2	MCU 相电流过流故障	P113119 P113519 P113619 P113719	负载突然变化、旋转变压器信号故障等导致电流畸变，例如蓄电池或主继电器频繁通断	检查高压电路
			控制器损坏（硬件故障）	更换控制器
			控制器采集电压与实际电压不一致	标定电压，刷新控制器程序

（续）

序号	故障名称	故障码	故障可能原因	排除方案
3	电机超速故障	P0A4400	整车负载突然降低,电机转矩控制失效	如果重新上电不复现,不用处理
			电机低压信号线插头连接松动或者退针	检查信号线插头
			控制器损坏（硬件故障）	更换控制器
4	电机过温故障	P0A2F98	电机低压信号线插头连接松动或者退针	检查信号线插头
			冷却系统工作异常	检查冷却液是否充足,水泵是否正常工作,冷却管路是否堵塞或堵气
			电机本体损坏（长时间过载运行）	更换电机
5	MCU IGBT 过温故障	P117F98 P117098 P117198 P117298	同电机过温	同电机过温
6	MCU 低压电源欠电压故障	U300316	12V 蓄电池电压过低,或者由于35pin线束原因,控制器低压接口电压过低	检查蓄电池电压,给蓄电池充电;检查控制器低压接口,测量35pin 插件24脚和1脚电压是否低于 9V
7	与 VCU 通信丢失故障	U010087	1)未收到整车控制器信号 2)网络干扰严重 3)线束损坏	检查 35pin 线束连接是否正常,检查 CAN 网络是否 BUS OFF,或者更换控制器
8	电机系统高压暴露故障	P0A0A94	1)MCU 电源模块硬件损坏 2)软件与硬件不匹配 3)网络上有部件报出高低压互锁故障引起	刷新程序或更换控制器
9	电机异响		电磁噪声（高频较尖锐）	属正常
			机械噪声,可能是来自减速器、悬架、电机本体（轴承）	排查确定电机本体是否损坏,若损坏需更换电机

项目 5
电动汽车充电系统的结构、原理与检修

任务 1　检修快充系统

学习目标

1. 能够说出快充系统的组成、作用及工作原理。
2. 能够说出快充系统的充电条件。
3. 能够正确诊断及排除快充系统的故障。

客户委托：排除"快充桩与车辆无法通信"故障。

任务描述

王先生看到自己车的电动汽车剩余电量只有 20%，于是赶快将车开到就近的充电站进行快充，结果不凑巧的事情发生了：快充桩与车辆无法通信，王先生重复操作了几次，均存在同样的问题，于是将车开往 4S 店进行维修。

知识准备

充电桩的功能类似于加油站里面的加油机，可以固定在地面或墙壁，安装于公共建筑（公共楼宇、商场、公共停车场等）和居民小区停车场或充电站内，可以根据不同的电压等级为各种型号的电动汽车充电。充电桩的输入端与交流电网直接连接，输出端装有充电插头，用于为电动汽车充电。充电桩一般提供常规充电和快速充电两种充电方式，人们可以使用特定的充电卡在充电桩提供的人机交互操作界面上刷卡使用，选择相应的充电方式、充电时间、费用数据打印等操作，充电桩显示屏能显示充电量、费用、充电时间等数据。

充电系统是纯电动汽车主要的能源补给系统，为保障车辆持续行驶提供动力能源，根据动力蓄电池的实时状态控制起动充电和停止充电，根据动力蓄电池的电量、温度控制充电电流的调节和蓄电池加热。充电系统有常规充电和快速充电两种充电方式，也称为慢充和快充，车主可根据充电时长需求来选择充电方式。

吉利帝豪 EV450 电动汽车慢充口布置在车辆左前翼子板处，快充口布置在左后翼子板处，如图 5-1 所示。

图 5-2 所示为吉利帝豪 EV450 电动汽车充电系统的组成和功能框图。其充电功

项目5 | 电动汽车充电系统的结构、原理与检修

图 5-1 吉利帝豪 EV450 电动汽车快、慢充口的布置

能由整车控制器来控制完成,参与充电的高压部件有车载充电机、电机控制器、动力蓄电池和快、慢充电口。

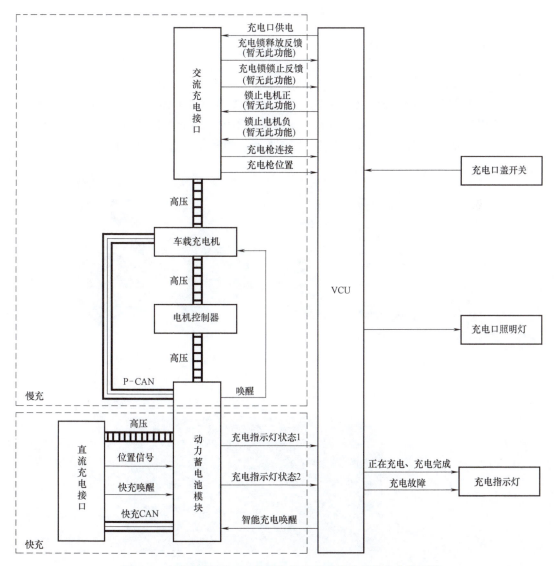

图 5-2 吉利帝豪 EV450 电动汽车充电系统的组成和功能框图

一、快充系统的结构组成

快充系统也称为直流充电系统，一般使用工业 380V 三相电，通过功率变换后，直接将高压大电流通过动力蓄电池高压线束给动力蓄电池充电。快充系统主要部件有：供电设备（快充桩）、快充口、快充线束、高压控制盒、动力蓄电池高压线束、动力蓄电池等。某车型快充系统充电流程如图 5-3 所示。

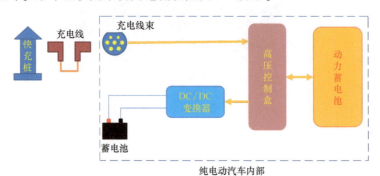

图 5-3　某车型快充系统充电流程

1. 供电设备——快充桩

由于直流充电桩可直接为电动汽车的动力蓄电池充电，一般采用三相四线制或三相三线制供电，输出的电压和电流可调范围大，因此可以实现电动汽车快速充电。图 5-4 所示为不同形式的快充桩。图 5-5 所示为某品牌直流充电桩参数。

图 5-4　不同形式的快充桩
a）分体式　b）便携式　c）一体式

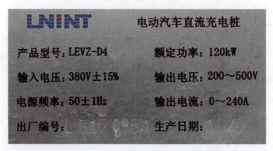

图 5-5　某品牌直流充电桩参数

2. 快充口

快充口通过快充枪及连接线束与快充桩相连。电动汽车传导充电用连接装置有相应的国家统一标准。快充口端子如图5-6所示。

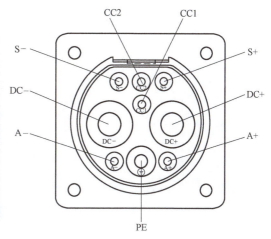

图5-6 快充口端子

快充线束快充口端子定义如下。

① DC-：高压输出负极，经过高压控制盒快充负继电器，输出到动力蓄电池高压负极。

② DC+：高压输出正极，经过高压控制盒快充正继电器，输出到动力蓄电池高压正极。

③ PE（GND）：车身搭铁，接蓄电池负极。

④ A-：低压辅助电源负极，接蓄电池负极。

⑤ A+：低压辅助电源正极，为12V快充唤醒信号。

⑥ CC1：快充连接确认线，属于内部电路，CC1与PE之间有一个1000Ω的电阻。

⑦ CC2：快充连接确认线。

⑧ S+：快充CAN-H，与动力蓄电池管理系统（BMS）及数据采集终端通信。

⑨ S-：快充CAN-L，与动力蓄电池管理系统（BMS）及数据采集终端通信。

3. 快充线束

快充线束指连接快充口到高压控制盒之间的线束或者快充口到动力蓄电池的线束。比亚迪e6电动汽车快、慢充线束位置如图5-7所示，其中快充线束连接到高压配电盒（高压控制盒）。也有的车型快充线束直接连接到动力蓄电池。吉利EV450电动汽车连接动力蓄电池的快充线束和插座如图5-8所示。

北汽EV160电动汽车快充线束一

图5-7 比亚迪e6电动汽车快、慢充线束位置

图 5-8　吉利 EV450 电动汽车连接动力蓄电池的快充线束和插座

端连接车辆的快充口,另一端分成 3 支线束,分别接高压控制盒、整车低压线束和车身搭铁点(图 5-9)。

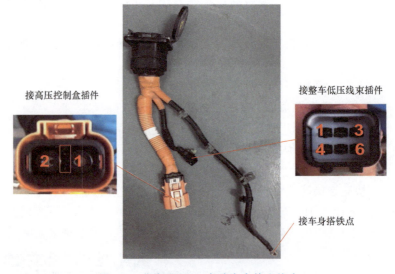

图 5-9　北汽 EV160 电动汽车快充线束

(1) 接高压控制盒插件端子定义
① 1 脚:高压输出负极 DC-。
② 2 脚:高压输出正极 DC+。
③ 中间为互锁端子。
(2) 接整车低压线束插件端子定义
① 1 脚:低压辅助电源负极 A-。
② 2 脚:低压辅助电源正极 A+。
③ 3 脚:快充连接确认线 CC2。

④ 4 脚：快充 CAN-H 信号 S+。
⑤ 5 脚：快充 CAN-L 信号 S−。
⑥ 6 脚：空。
（3）PE（GND）端　PE 为接车身搭铁点。

4. 快充系统的网络连接

北汽 EV160 电动汽车快充时的网络连接如图 5-10 所示。快充网络包括 RMS 数据采集终端、BMS、DC-CHM 快充桩和诊断接口。充电过程中，VCU 实时监控充电过程，对异常情况进行紧急充电停止，以及部分信息的仪表显示、监控平台信息上传。

在 BMS 与数据采集快充的 CAN-H 与 CAN-L 之间分别串联了一个 120Ω 的电阻。从快充口测量 S+ 与 S− 之间的阻值应为两个 120Ω 电阻的并联值（60Ω）。

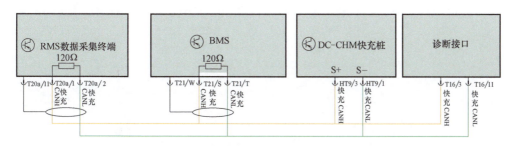

图 5-10　北汽 EV160 电动汽车快充时的网络连接

5. 高压控制盒

高压控制盒的功能是完成动力蓄电池电源的输出及分配，实现对支路用电器的保护及切断。高压控制盒内有 PTC 控制板、PTC 熔断器、空调压缩机熔断器、DC/DC 变换器熔断器、车载充电机熔断器、快充继电器、空调继电器等。北汽 EV160 电动汽车高压控制盒内部电路如图 5-11 所示。

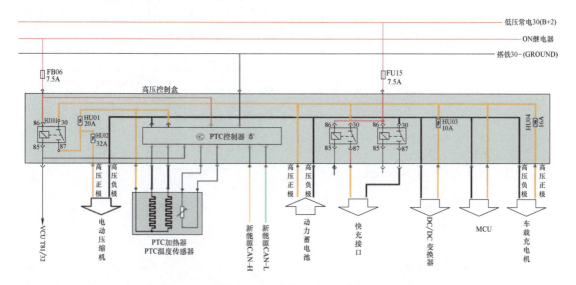

图 5-11　北汽 EV160 电动汽车高压控制盒内部电路

图 5-12 所示为高压控制盒及其相关部件连接电路。高压控制盒内的快充继电器有两个,为快充正极继电器和快充负极继电器。当点火开关置于 ON 档,ON 档继电器闭合,12V 电源经 SB01 和 FB02 熔丝到达快充正极继电器和快充负极继电器线圈的一端,VCU 控制线圈另一端搭铁,继电器闭合,高压直流电经快充继电器由高压控制盒的动力蓄电池线束插件输出到动力蓄电池。

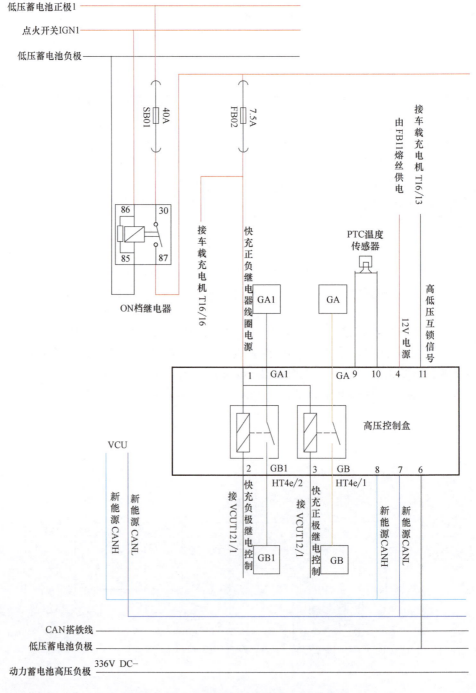

图 5-12　高压控制盒及其相关部件连接电路

6. 高、低压互锁信号电路

互锁信号电路的作用是监测高压线束连接情况，当某个高压插件未插到位时，动力蓄电池会切断高压电源。整车在高压上电前要确保整个高压系统的完整性，使高压处在封闭的环境下工作，提高了安全性。当整车运行过程中，高压系统电路断开或者完整性受到破坏时，需要启动安全防护。高、低压互锁可以防止带电插拔高压插接器给高压端子造成拉弧损坏。图 5-13 所示为北汽 EV160 电动汽车高、低压互锁元件图。

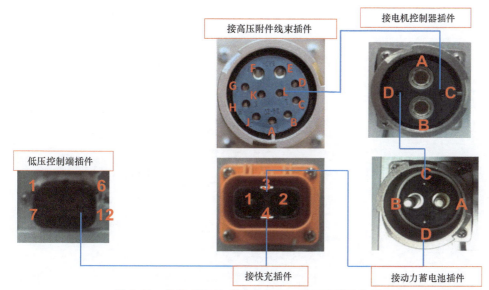

图 5-13　北汽 EV160 电动汽车高、低压互锁元件图

高、低压互锁常见问题有某个高、低压插件互锁端子缺失或退针，未装配或未装配到位。高、低压互锁常见故障如图 5-14 所示。

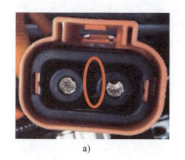
a)
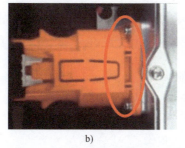
b)
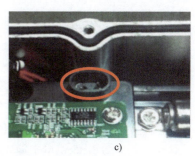
c)

图 5-14　高、低压互锁常见故障
a) 高压插件互锁端子缺失或退针　b) 高压插件未装配到位　c) 高压盒盖开关端子损坏

7. 快充系统的工作原理

（1）快充系统工作原理　图 5-15 所示为快充系统工作原理。图中，K1、K2 为充电桩高压正、负继电器；K3、K4 为充电桩低压唤醒正、负继电器，供电输出给车辆控制器（VCU）；K5、K6 为蓄电池高压正、负继电器；检测点 1（即 CC1）为充电桩检测快充插头与车辆连接状态识别信号；检测点 2（即 CC2）为车辆控制器（VCU）检测快充插头与车辆连接状态识别信号。

当 CC1、CC2 两个检测点检测到的电压值符合要求时，即认为充电桩与车辆连接可靠。K3、K4 继电器闭合，充电桩输出 12V 低压唤醒电源到车辆控制器（VCU），两者进行身份辨认，"握手"成功之后，VCU 报送动力蓄电池的充电需求，充电桩报送供电能力，二者匹配。VCU 和 BMS 控制 K5、K6 闭合，充电桩控制 K1、K2 闭合，即进入充电阶段，VCU 发送充电请求及充电状态报文。充电桩反馈充电机状态报文。当车辆及充电桩判定充电结束之后，断开 K1、K2、K5、K6，充电截止，断开 K3、K4，充电完成。

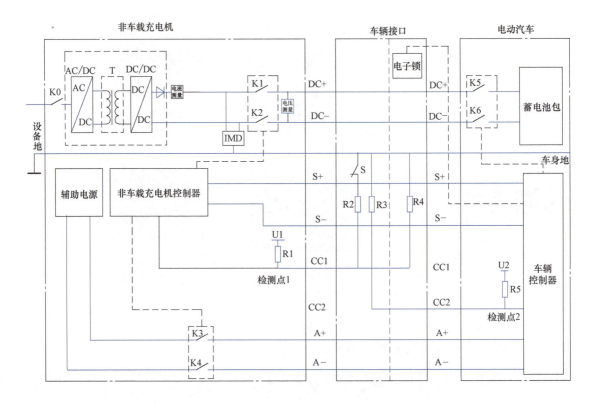

图 5-15 快充系统工作原理

（2）快充系统充电条件

快充系统完成正常充电，需要满足以下条件：

① 充电连接确认信号 CC1、CC2 正常。
② BMS 供电电源 12V 正常。
③ 充电唤醒信号 12V 输出正常。
④ 充电桩、VCU、BMS 之间通信正常。
⑤ 5℃<动力蓄电池单体蓄电池温度<45℃。
⑥ 单体蓄电池最高电压与最低电压差<300mV。
⑦ 单体蓄电池最高温度与最低温度差<15℃。
⑧ 绝缘性能>500Ω/1V。
⑨ 实际单体蓄电池最高电压不大于额定单体蓄电池电压 0.4V。
⑩ 高、低压电路连接正常（远程开关关闭状态）。

二、快充系统常见故障排除

1. 快充系统常见故障

（1）快充桩与车辆无法通信　主要原因有唤醒电路熔丝损坏，搭铁点搭铁不良，快充枪、快充口、快充线束、低压电器盒、整车控制器、动力蓄电池低压控制插件等部件的低压辅助电源针脚、连接确认针脚、快充CAN针脚等损坏、退针、烧蚀、锈蚀，动力蓄电池和数据采集终端快充CAN总线间的电阻不符合要求。

（2）快充桩与车辆通信正常但无充电电流　主要原因有高压控制盒快充继电器电路熔丝损坏，主熔丝损坏、低压电器盒损坏、高压控制盒损坏、快充线束损坏、BMS快充唤醒失常。

2. 故障排除思路

排除"快充桩与车辆无法通信"故障时，首先检查电路连接情况，然后检查快充系统各部件低压辅助电源、连接确认信号、快充CAN线路等的针脚情况以及电压、电阻等是否符合要求。

排除"快充桩与车辆通信正常但无充电电流"故障时，应检查高压供电电路的熔丝、线束、继电器等是否正常，检查动力蓄电池与高压控制盒连接插件的电压，检查BMS快充唤醒信号是否正常，检查高压控制盒快充连接端子电压是否正常（有电压则联系动力蓄电池厂家售后对蓄电池进行检测，无电压则更换高压控制盒）。

3. "快充桩与车辆无法通信"故障的排除

以北汽新能源电动汽车为例，检修"快充桩与车辆无法通信"故障的思路如下。

（1）检查快充桩与快充口连接是否良好　检查车辆快充接口各连接端子有无损坏；快充口和快充枪有无烧蚀和锈蚀现象；快充口PE端与车身搭铁是否导通；快充口CC1与PE之间的阻值是否符合要求，阻值应为（1000±50）Ω。

（2）检测充电唤醒信号是否正常　如果未唤醒，可能是唤醒电路熔丝FB27损坏、快充口及快充线束损坏、低压电器盒损坏，应逐步检查熔丝电阻、熔丝电压（12V）；快充口A+与快充线束A+、低压电器盒A5是否导通，若不导通，则应更换或维修。

（3）检查车辆端连接确认信号是否正常　如果快充唤醒信号及相关线束都正常，车辆仍然不能通信连接，则对车辆端连接确认信号进行检测。可能是快充口及快充线束损坏、整车控制器针脚损坏、动力蓄电池低压控制插件损坏，应逐步检查快充口CC2与快充线束CC2、整车控制器（VCU）插件17针是否导通，检查快充口S-与快充线束整车低压线束插件S-是否导通；检查快充口S+与快充线束整车低压线束插件S+是否导通，若不导通，则应更换或维修；检查快充线束S+与S-之间的阻值，应为（60±5）Ω；检查快充线束整车低压线束插件S-与动力蓄电池低压插件T针及数据采集终端插件2针是否导通，阻值应小于0.5Ω；检查快充线束整车低压线束插件S+与动力蓄电池低压插件S针及数据采集终端插件1针是否导通，阻值应小于0.5Ω；断开快充线束与数据终端和动力蓄电池低压插件，检查快充线束整车低压线束插件S+与S-之间的阻值，应为无穷大，分别检查动力蓄电池和数据采集终端快充CAN总线间的电阻，应该都为120Ω，若不是，则应更换或维修；检查快充线束整车低压线束插件A-与车身搭铁是否导通，若不导通，则应更换或维修。

任务 2　检修慢充系统

学习目标

1. 能够说出慢充系统的组成、作用及工作原理。
2. 能够说出慢充系统的充电条件。
3. 能够正确诊断及排除慢充系统的故障。
4. 能够正确更换车载充电机。

客户委托：排除"车载充电机与充电桩连接故障"。

任务描述

小李的北汽 EV200 电动汽车进行充电时，操作了几次也没有成功，经 4S 店救援人员通过检测仪检查，提示"车载充电机与充电桩连接故障"，请排除此故障。

知识准备

一、慢充系统的结构组成

慢充系统使用交流 220V 单相民用电，通过车载充电机整流变换，将交流电变换为高压直流电给动力蓄电池充电。慢充系统主要部件有供电设备、慢充口、慢充线束、车载充电机、高压控制盒、动力蓄电池等。

慢充系统充电流程如图 5-16 所示：

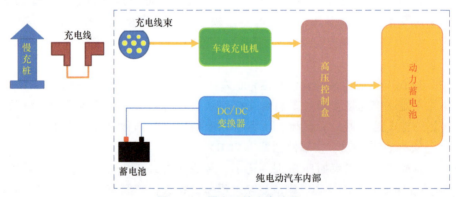

图 5-16　慢充系统充电流程

1. 供电设备

电动汽车慢充供电设备包括充电桩和随车充电宝。

慢充系统的供电设备主要有充电桩-充电线、家用交流慢速充电线（又称充电宝）、直接供电等几种形式。因直接供电无安全保护装置，故一般不采用。

（1）慢充桩　电动汽车交流充电桩（简称慢充桩）是采用传导方式为具有车载充电机的电动汽车提供交流电源的专用供电装置。交流充电桩（慢充桩）的供电模式一一般采用交流单相电源，额定电压为 AC220V，额定电流为 16A 或 32A，频率为 50×(1±5%) Hz，慢充桩电源采用单相交流电 220V。图 5-17 所示为慢充充电桩充电。

图 5-17 慢充充电桩充电

小知识：
　　有车主抱怨：两辆一模一样的车，同样插在慢充桩上，为什么别人的车充电速度比我的车快？其实原因很简单，不同品牌的充电桩，输出的电压和电流是不同的。在充电之前可以看一下充电桩侧面的铭牌。

图 5-18 所示为不同慢充充电桩铭牌。

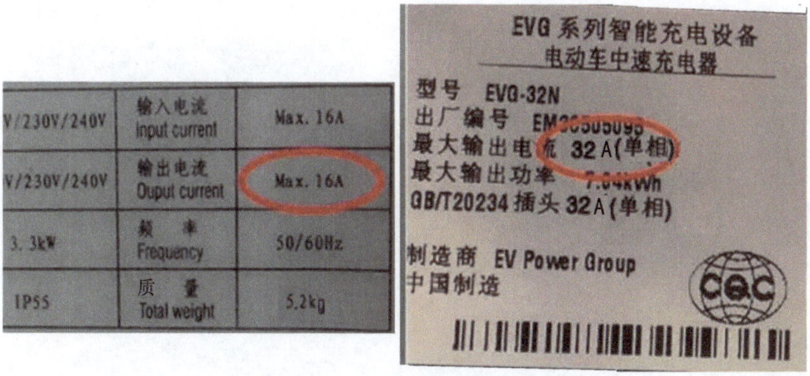

图 5-18 不同慢充充电桩铭牌

（2）充电宝　针对充电宝的充电条件，国标明确只采用单相交流充电，即家用充电不考虑三相交流充电的方式。明确要求使用 16A 插座时，交流供电电流不能超过 13A；使用 10A 插座时，交流供电电流不能超过 8A。即在使用 16A 插座时，最大充电功率限制在 2.86kW；使用 10A 插座时，最大充电功率限值在 1.76kW。吉利帝豪 EV 随车充电宝如图 5-19 所示，其中一个随车枪具有放电功能，可以输出 220V 电压，吉利帝豪 EV 放电功能如图 5-20 所示。

2. 慢充口
　　慢充桩充电线束连接车辆的慢充口，慢充口必须符合国家标准。图 5-21 所示为

图 5-19 吉利帝豪 EV 随车充电宝

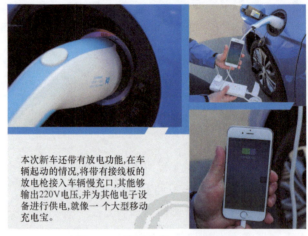

图 5-20 吉利帝豪 EV 放电功能

图 5-21 车辆慢充口外观和慢充桩车辆段连接枪

车辆慢充口外观和慢充桩车辆段连接枪。

慢充口端子定义如下：

① CP：慢充控制确认线。

② CC：慢充连接确认线。

③ N：交流电源。

④ L：交流电源。

⑤ PE：车身搭铁。

项目5 | 电动汽车充电系统的结构、原理与检修

> 小知识：
> 针对所有充电模式，国标明确要求在额定充电电流大于 16A 的应用场合，供电插座、车辆插座必须设置温度监控装置。电动汽车必须具备温度检测和过温保护功能。
> 充电电流大于 16A 时，供电插座和车辆插座必须安装电子锁止装置。当电子锁未可靠锁止时，供电设备或电动汽车应停止充电或不能起动充电。电子锁应具备反馈信号，形成闭环控制。

3. 慢充线束

慢充线束是连接慢充口与车载充电机的线束，其作用是将慢充桩输入的 220V 交流电输送到车载充电机。北汽 EV160 电动汽车慢充线束的一端接车载充电机"交流输入端"（图 5-22）。

图 5-22 慢充线束接车载充电机端子

慢充线束接车载充电机端子定义如下：
① 1 脚：交流电源 L。
② 2 脚：交流电源 N。
③ 3 脚：PE 车身搭铁。
④ 4 脚：空。
⑤ 5 脚：慢充连接确认线 CC。
⑥ 6 脚：慢充控制确认线 CP。

4. 车载充电机

车载充电机的作用是将输入的 220V 交流电转换为动力蓄电池所需的 290~420V 高压直流电，实现蓄电池电量的补给，工作过程中需要协调充电桩、BMS 等部件。车载充电机有风冷和水冷两种冷却形式，相对于传统工业电源，车载充电机具有效率高、体积小、耐受恶劣工作环境等特点。车载充电机有分体式和集成式两种。北汽 EV200 电动汽车车载充电机为分体式，其外观如图 5-23 所示。

（1）交流输入端 连接慢充线束的一端，将 220V 交流电通过线束输入车载充电机。

(2)直流输出端 通过高压附件线束将转换后的动力蓄电池所需的290~420V高压直流电送往高压控制盒。车载充电机直流输出端如图5-24所示。

低压控制端　直流输出端　交流输入端

图 5-23　北汽 EV200 电动汽车车载充电机外观

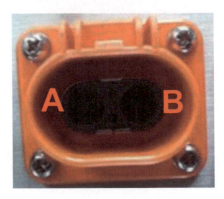

图 5-24　车载充电机直流输出端

车载充电机直流输出端口定义如下：

① A 脚：高压输出负极。

② B 脚：高压输出正极。

(3)低压控制端 车载充电机低压控制端插座如图 5-25 所示。

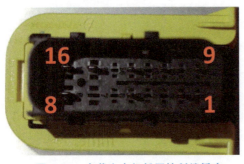

图 5-25　车载充电机低压控制端插座

车载充电机低压控制端子定义如下：

① 1 脚：新能源 CAN-L。

② 2 脚：新能源 CAN-GND。

③ 5 脚：高、低压互锁信号，接空调压缩机控制器 T6k/3 针脚。

④ 8 脚：蓄电池负极 GND。

⑤ 9 脚：新能源 CAN-H。

⑥ 11 脚：CC 信号输出，接 VCU T121/36 针脚。

⑦ 13 脚：高、低压互锁信号，接高压控制盒 T12/11 针脚。

⑧ 15 脚：12V 慢充唤醒信号。

⑨ 16 脚：12V 常电，经由 FB02 熔丝供电。

⑩ 其他脚：空。

图 5-26 所示为北汽 EV200 电动汽车车载充电机及其相关部件电路。

(4)车载充电机工作状态 北汽 EV200 电动汽车车载充电机上共有 3 个指示灯。对车辆进行充电时，应查看指示灯是否正常。

POWER 灯：电源指示灯，当接通交流电后该指示灯亮。

RUN 灯：充电指示灯，当充电机接通蓄电池进入充电状态后该指示灯亮。

FAULT 灯：警告指示灯，当充电机内部有故障时该指示灯亮。

充电正常时，POWER 灯和 RUN 灯亮；当起动 0.5min 后仍只有 POWER 灯亮时，有可能为蓄电池无充电请求或已充满；当 FAULT 灯亮时，则说明充电系统出现异常；当 3 个灯都不亮时，应检查充电桩以及充电线束及接插件。

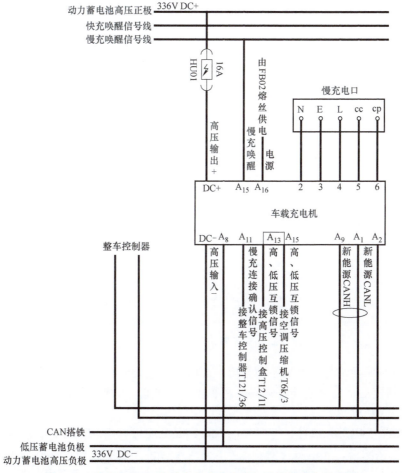

图 5-26　北汽 EV200 电动汽车车载充电机及其相关部件电路

5. 更换车载充电机

注意：操作前戴好安全帽、防护眼镜、绝缘手套，穿好绝缘鞋。拔下线束插头前，确保高压电断开。

1）将点火开关钥匙转到 OFF 位置。
2）断开蓄电池负极线束。
3）拔下车载充电机上的低压和高压线束插头。

注意：拆卸高压线束时，应按下线束插头上的锁扣，然后拔下线束插头，禁止生拉硬拽；安装线束时，听到"啪嗒"的声响即表示安装到位。

4）拧下固定车载充电机的六角头螺栓。
5）按与拆卸相反的顺序装复车载充电机。
6）接上蓄电池负极线束。
7）将点火开关钥匙转到 ON 位置，如果更换正确，仪表板上会显示"READY"。

二、慢充系统工作原理

图 5-27 所示为慢充系统工作原理图。

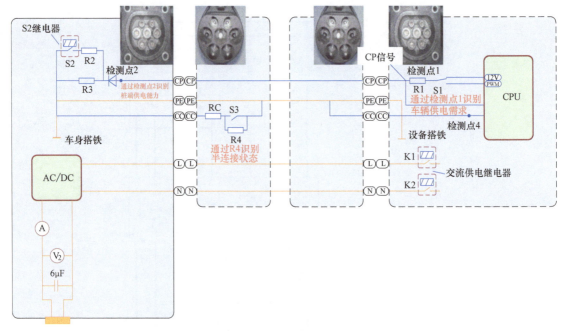

图 5-27 慢充系统工作原理图

1) 当车辆插头与车辆插座插合后,充电桩通过测量检测点 4 的电压值来判断供电插头与插座是否完全连接,车辆控制装置通过测量 RC 电阻值来确认车辆接口是否完全连接(CC 检测)。

2) 如果充电桩无故障,并且供电接口已完全连接,则 S1 从 +12V 连接状态切换至 PWM 连接状态,充电桩控制装置发出 PWM 信号。充电桩通过检测点 1 的电压值来判断充电装置是否完全连接。车辆控制装置通过测量检测点 2 的 PWM 信号,判断充电连接装置是否已完全连接(CP 检测)。

3) 在车载充电机(OBC)自检没有故障,并且蓄电池组处于可充电状态时,车辆控制装置闭合 S2。

4) 当电动汽车和充电桩建立电气连接后,车辆控制装置通过判断检测点 2 的 PWM 信号占空比,确认供电设备的最大可供电能力,并且通过判断 RC 电阻值来确认电缆的额定容量。车辆控制装置对充电桩当前提供的最大供电电流值、车载充电机的额定输入电流值及电缆的额定容量进行比较,将其最小值设定为车载充电机当前最大允许输入电流。当设置完成后,车载充电机开始对电动汽车充电。

注意:充电桩通过 CC 连接确认信号并检测充电线可耐受的电流,把 S1 开关从 12V 端切换到 PWM 端;当检测点 1 的电压降到 6V 时,充电桩 K1\K2 开关闭合输出电流,充电机最大功率受电网控制。

三、慢充系统控制策略及流程

慢充系统控制策略简图如图 5-28 所示。

充电枪连接通过车载充电机反馈到整车控制器(VCU),再唤醒仪表显示连接状态(负触发);充电机同时唤醒整车控制器(VCU)和 BMS(正触发),VCU 唤醒仪表启动并显示充电状态(负触发);动力蓄电池正、负主继电器由 VCU 发出指令由

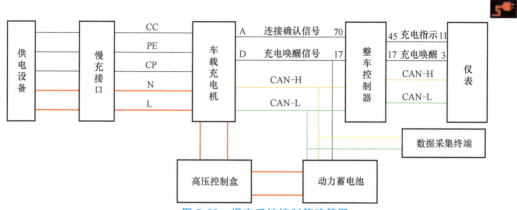

图 5-28 慢充系统控制策略简图

BMS 控制闭合。

慢充系统启动，充电桩提供交流供电，蓄电池低压唤醒整车控制系统，BMS 检测充电需求并给车载充电机发送工作指令，动力蓄电池继电器闭合，车载充电机开始工作，进行充电。当蓄电池检测充电完成后，BMS 给车载充电机发送停止指令，车载充电机停止工作，动力蓄电池继电器断开，充电结束。

整个充电过程归纳为 6 个阶段：物理连接阶段、低压辅助上电阶段、充电握手阶段、充电参数配置阶段、充电阶段和充电结束阶段。在各个阶段，充电机和 BMS 如果在规定的时间内没有收到对方报文或没有收到正确报文，即判定为超时，超时时间为 5s（除特殊规定外）。当出现超时后，BMS 或充电机发送错误报文，并进入错误处理状态。在对故障处理的过程中，根据故障的类别分别进行不同的处理。在充电结束阶段，如果出现了故障，将直接结束充电流程。

> 小知识：
> 1. 充电模式不能切换到行驶模式
> 点火开关钥匙在 ON 档同时充电时，关闭充电口，车辆不能上高压，需驾驶人将点火开关钥匙转到非 ON 档后再次转到 ON 档时，才可上高压。
> 2. 行驶模式可以切换到充电模式
> 整车在行驶模式时，如果检测有充电需求，VCU 需先执行高压下电，然后进行正常的充电流程。

四、慢充系统充电条件

北汽 EV200 电动汽车慢充系统的充电条件如下：
1) 充电线连接确认信号正常。
2) 充电机供电电源 220V 和 12V 正常，充电机工作正常。
3) 充电唤醒信号 12V 输出正常。
4) 充电机、VCU、BMS 之间通信正常，主继电器闭合，发送电流需求。
5) 0℃<动力蓄电池单体蓄电池温度<45℃。
6) 单体蓄电池最高电压与最低电压差<300mV。
7) 单体蓄电池最高温度与最低温度差<15℃。
8) 绝缘性能>500Ω/V。

9）实际单体蓄电池最高电压不大于额定单体蓄电池电压 0.4V。

10）高、低压电路连接正常，远程控制开关为关闭状态。

五、慢充系统常见故障排除

1. 慢充系统常见故障

1）充电桩显示车辆未连接。其主要原因有充电枪安装不到位；车辆与充电桩两端枪反接。

2）动力蓄电池继电器未闭合。其主要原因有插接器未正常连接；车载充电机输出唤醒不正常。

3）动力蓄电池继电器正常闭合，但充电机无输出电流。其主要原因有车辆端充电枪未连接到位；高压熔断器熔断；高压插接器及线缆未正确连接。

2. 无法慢充涉及故障码

车辆无法慢充涉及故障码见表 5-1。

表 5-1 车辆无法慢充涉及故障码

序号	故障码	故障名称	序号	故障码	故障名称
1	P0AA572	负极继电器断路故障	17	U119982	蓄电池内部通信故障
2	P0AE372	预充继电器断路故障	18	P12F929	子板单体电压采集电路故障
3	P0AA272	正极继电器断路故障	19	P12FA29	子板温度采集电路故障
4	P103B01	自适应故障	20	P11D429	外部总电压检测电路故障
5	P103364	BCU 自检超时	21	P11D729	绝缘检测电路故障
6	P103464	MCU 高压自检超时	22	P14804B	一级过温故障
7	U300316	蓄电池电压低	23	P14801C	温度检测电路故障
8	P11D213	预充电阻断路	24	P148116	输入欠电压故障
9	P0A9513	MSD/主熔断器断路	25	P148117	输入过电压故障
10	P122001	预充电失败故障	26	P148216	输出欠电压故障
11	P118822	单体蓄电池过电压	27	P148119	输入过电流故障
12	P119022	总电压过电压	28	P148219	输出过电流故障
13	P118111	蓄电池外部短路	29	P148214	输出短路故障
14	P118312	蓄电池内部短路	30	U011187	BMS 通信异常故障
15	P0A7E22	蓄电池温度过高	31	U010087	VCU 通信异常故障
16	P0AA61A	绝缘电阻低	32	P148701	OBC 自检异常故障

3. 故障排除思路

（1）电路连接情况　检查充电桩-充电线、慢充口、慢充线束、车载充电机、高压控制盒、动力蓄电池之间的电路连接是否良好。

（2）检查低压供电及唤醒信号是否正常　检查车载充电机指示灯状态，如果 3 个灯都不亮，表示没有电源输入。分别检查电路熔断器、充电线、慢充口、慢充线束是否正常。若正常，更换车载充电机。检查车载充电机的 12V 电源及慢充唤醒信号是否正常，高压控制盒内的车载充电机熔断器是否损坏，动力蓄电池 12V 唤醒信号是否正常，整车控制器、动力蓄电池等部件的新能源 CAN 线是否正常，动力蓄电池低压控制端搭铁及 VCU 控制搭铁是否正常。

（3）检查高压电路是否正常　如果低压电路正常，充电仍无法完成，应逐步检查充电线、慢充线束、车载充电机、高压控制盒、动力蓄电池之间的高压电是否正常,是线束故障还是部件故障。

(4)使用故障诊断仪检查 使用故障诊断仪分别检查动力蓄电池及车载充电机的工作状态,对数据进行分析,找出故障所在。

4. "车载充电机与充电桩连接故障"的排除

(1)检查慢充桩与慢充口连接是否良好 检查车载充电机,发现3个指示灯都不亮。分别测量充电桩端充电枪的N、L、PE、CP、CC脚和车辆端的N、L、PE、CP、PE脚是否导通。若不导通,则应修复或更换充电线总成。测量充电线车辆端充电枪的CC脚和PE脚的阻值,16A充电线阻值应为680×(1±3%)Ω,32A充电线阻值应为220×(1±3%)Ω。若阻值与标准值不符,则应修复或更换充电线总成。

(2)检查慢充口与车载充电机连接是否良好 排除充电桩-充电线故障后,启动充电,若车载充电机指示灯仍旧都不亮,应检查慢充线束及车载充电机。

检查插件端子是否有烧蚀、虚接现象;分别测量充电口L、N、PE、CC、CP脚与充电线束充电机插件对应接脚是否导通,若不导通,则修复或更换慢充线束总成;慢充线束检查完毕后恢复好,进行充电测试,如果车载充电机的指示灯还都不亮,则应更换车载充电机。

该车更换车载充电机后,充电正常,故障排除。

任务3 检修直流高压转低压系统

学习目标

1. 掌握直流高压转低压的工作流程。
2. 掌握DC/DC变换器的作用、各端口定义及工作原理。
3. 能够正确更换DC/DC变换器。
4. 能够正确诊断及排除直流高压转低压系统的故障。

客户委托:排除"仪表报蓄电池故障"。

任务描述

王先生带着家人去郊区度假,汽车开到半路时仪表报蓄电池故障,王先生将汽车开到4S店进行检修。维修人员接待了王先生,详细询问车辆故障现象及故障发生的过程,了解客户需求后,展开维修工作。

知识准备

将一个不受控制的输入直流电压变换成为另一个受控的输出直流电压称为DC/DC变换。随着科学技术的发展,对电子设备的要求是性能更加可靠、功能不断增加、使用更加方便、体积日益减小,这些使DC/DC变换技术变得更加重要。目前,DC/DC变换器在计算机、航空、航天、水下潜航器、通信及电视等领域得到了广泛的应用,同时,这些应用也促进了DC/DC变换技术的进一步发展。

一、高、低压直流电转换系统

电动汽车上的电源部件除了动力蓄电池之外,还有一个 12V 的铅酸蓄电池,它主要给汽车低压电器设备例如灯光系统、仪表系统、娱乐系统、电动车窗、刮水器、除霜器和各种控制器等供电。蓄电池 12V 低压直流电由动力蓄电池的高压直流电经过 DC/DC 变换器转换而来,此系统称为高、低压直流电转换系统。该系统的主要部件有:动力蓄电池、动力蓄电池高压线束、高压控制盒、高压附件线束、DC/DC 变换器、正极线束、负极线束、蓄电池。

其工作流程如图 5-29 所示:

图 5-29　高、低压直流电转换工作流程

二、DC/DC 变换技术

实现 DC/DC 变换有两种模式,一种是线性调节模式(Linear Regulator),另一种是开关调节模式(Switching Regulator)。DC/DC 变换模式如图 5-30 所示。

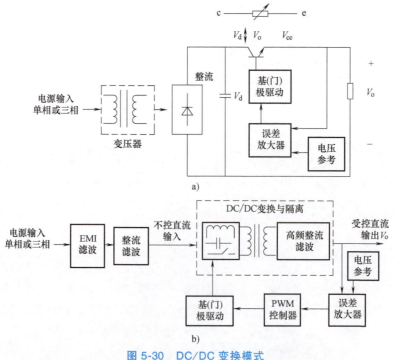

图 5-30　DC/DC 变换模式

a)线性调节模式框图　b)开关调节模式框图

开关调节模式与线性调节模式相比具有明显的优点，主要有以下3点。

1. 功耗小、效率高

在DC/DC变换器中，电力半导体器件工作在开关状态，工作频率很高，目前这个工作频率已达到数百甚至1000kHz，这使电力半导体器件功耗减少、效率大幅度提高。

2. 体积小、重量轻

由于频率提高，使脉冲变压器、滤波电感、电容器的体积和重量大大减小；由于效率提高，散热器体积也减小；由于DC/DC变换器无笨重的工频变压器，所以DC/DC变换器体积小、重量轻。

3. 稳压范围宽

DC/DC变换器的控制方式主要有脉冲频率调制式（PFM）、脉冲宽度调制式（PWM）和混合式。由于脉冲宽度调制式（PWM）具有线性度好、负载调整率高和热稳定性好等优点而得到广泛应用。目前，DC/DC变换中基本使用PWM技术，其基本原理是通过开关管把直流电斩成方波（脉冲波），通过调节方波的占空比（脉冲宽度与脉冲周期之比）来调节输出电压，对输入电压变化可调节脉宽来进行补偿，所以稳压范围宽。

电压型脉宽调制器是一个电压-脉冲变换装置。脉宽调制原理如图5-31所示。电压V_{ctrl}与锯齿波调制信号比较，输出的PWM开关信号为与锯齿波同频率、脉冲宽度与电压V_{ctrl}的大小成正比的脉宽调制信号。

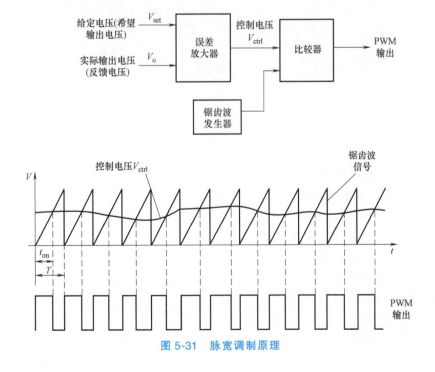

图5-31 脉宽调制原理

三、DC/DC变换器功能

DC/DC变换器相当于传统汽车的发电机，将动力蓄电池的高压直流电转换为

12V 低压直流电，给整车低压用电系统供电及给铅酸蓄电池充电。DC/DC 变换器单独放置或集成于集成式控制器内部，自然冷却，具有输入过电压或欠电压保护、输出过电压或欠电压保护、输出过载短路保护以及过温保户功能，具有效率高、体积小、耐受恶劣工作环境等特点。

DC/DC 变换器有高压输入端、低压输出端及低压控制端等。图 5-32 所示为 DC/DC 变换器端口及连接线束，图 5-33 所示为端口定义。

图 5-32　DC/DC 变换器端口及连接线束

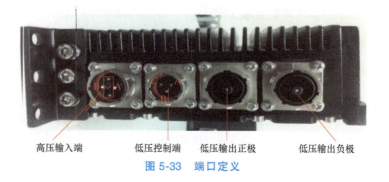

图 5-33　端口定义

高压输入端接收来自动力蓄电池及高压控制盒的高压直流电，其端子定义：

① A 脚：高压输入负极。

② B 脚：高压输入正极。

③ 中间：高、低压互锁端子。

低压控制端端子定义：

① A 脚：控制电路电源正兼使能（DC/DC 使能），直流 12V 起动，0~1V 关机。

② B 脚：电源状态信号输出（故障线），接组合仪表 T32/12。12V 高电压时故障，低电压时正常。

③ C 脚：控制电路电源负极，接蓄电池负极。

④ 低压输出正极：将经过 DC/DC 变化器转化的 12V 低压直流电输出到蓄电池正极。

⑤ 低压输出负极：将经过 DC/DC 变化器转化的 12V 低压直流电输出到蓄电池负极。

四、DC/DC 工作过程

图 5-34 所示为北汽 EV200 电动汽车 DC/DC 变换器工作电路。

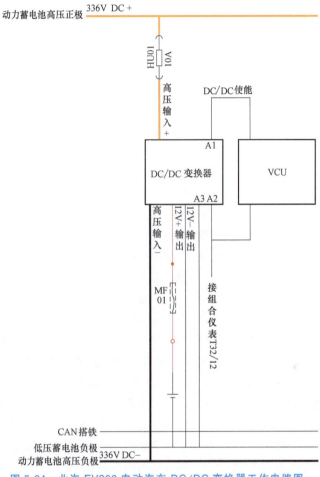

图 5-34　北汽 EV200 电动汽车 DC/DC 变换器工作电路图

1. DC/DC 变换器工作原理

整车 ON 档上电或充电唤醒上电,动力蓄电池完成高压系统预充电流程,VCU 发给 DC/DC 变换器 12V 使能信号,DC/DC 变换器开始工作。

2. DC/DC 变换器工作条件

1) 高压输入范围为 DC290~420V。
2) 低压使能输入范围为 DC9~14V。

3. 判断 DC/DC 变换器是否工作的方法

1) 将点火开关钥匙置于 OFF 档,断开所有用电器并拔出点火开关钥匙。
2) 按压低压蓄电池锁压件,打开盖板并裸露出低压蓄电池正极。
3) 使用专用万用表电压档位测量低压蓄电池的电压并记录。
4) 将点火开关钥匙置于 ON 档。
5) 使用专用万用表电压档位测量低压蓄电池的电压(这时测得的这个电压值是 DC/DC 变换器输出的电压)。如果数值在 13.8~14V(关闭车上的用电设备的情况下）之间，判断为 DC/DC 变换器工作。

6）如果测量值低于规定值，可能存在以下原因：

① 车上用电设备未关闭。

② 专用万用表测量值有误差。

③ DC/DC 变换器故障。

④ 蓄电池严重亏电。

五、高压转低压系统常见故障排除

1. 常见故障

车辆行驶中报蓄电池故障，主要原因有：插接器未正常连接；高压熔丝熔断；使能信号输入不正常；DC/DC 变换器本体故障。

2. 故障排除

（1）DC/DC 变换器高压系统检测　检查高压控制盒 DC/DC 变换器熔断器是否正常，接触面是否烧蚀或锈蚀，螺钉是否松动；检查高压控制盒、高压附件线束、DC/DC 变换器之间的高压输入电路是否正常。

（2）DC/DC 变换器低压系统检测　检测 DC/DC 变换器低压输出负极和搭铁点之间是否导通；检测 DC/DC 变换器低压输出正极和总熔断器盒 DC/DC 变换器熔断器 MF01 之间是否导通；检查主熔丝；检测使能信号线，检查 DC/DC 变换器低压控制插件的 A 脚和整车控制器（VCU）V62 脚是否导通；检测故障信号线，检查 DC/DC 变换器低压控制插件的 B 脚和整车控制器（VCU）V23 脚是否导通；检查 DC/DC 变换器低压控制插件的 C 脚和整车控制器（VCU）V23 脚是否导通；检测使能信号，车辆正常起动后，检查 DC/DC 变换器低压控制插件的 A 脚电压，应为 12V，如果没有电压，则应检查整车控制器，必要时更换。

（3）通过诊断系统检测　连接诊断仪，进入 VCU 界面，查看蓄电池故障码，并查看故障码对应的冻结帧，分析冻结数据对应的实际工况。读取数据流，选择供电电压，对车辆路试。分析路试结果，找到准确的故障点。

3. "仪表报蓄电池故障"的排除

（1）DC/DC 变换器高压系统检测　检查高压控制盒 DC/DC 变换器熔断器正常，检查高压控制盒、高压附件线束、DC/DC 变换器之间的高压输入电路正常。

（2）DC/DC 变换器低压系统检测　检查 DC/DC 变换器低压搭铁、熔断器、使能信号、故障信号等电路及部件均正常。

（3）通过诊断系统检测　连接诊断仪，读取数据流，选择供电电压，进行路试，车辆开启全部用电设备，原地测试 10min，电压为 13.5V，正常，挂档行车路试，当车速提高，供电电压波动随之增大，波动最高时大于 2V，最低电压达到 11.6V，而整车警告值是 12V，分析该故障与驱动系统干扰有关。更换驱动电机后继续路试，输出电压正常，基本稳定在 13.6V。

项目 6

电动汽车辅助系统的结构、原理与检修

任务 1 诊断制动系统故障

学习目标

1. 掌握电动汽车制动系统的组成及工作原理。
2. 掌握电动汽车制动系统典型故障诊断与排除方法。

客户委托：更换电动真空泵。

任务描述

王先生的北汽 EV200 电动汽车在购买并使用 8 个月后，行车过程中仪表偶尔显示制动故障，该车从购车至今没有维修维护记录。

知识准备

一、汽车制动系统的作用及要求

汽车制动系统是在汽车上设置的一套（或多套）由驾驶人控制的，能产生与汽车行驶方向相反外力的装置，其作用是使行驶中的汽车按照驾驶人的要求进行适时的减速、停车或驻车，以及保持汽车下坡行驶的稳定速度。要满足汽车在使用过程中的制动安全性要求，需要制动系统满足以下基本要求：

1）具有良好的制动性能，包括制动效能、制动效能的恒定性、制动时的方向稳定性 3 个方面。
2）操纵轻便。
3）制动平顺性好，制动力矩能迅速而平稳地增加，也能迅速而彻底地解除。
4）对有挂车的制动系统，挂车的制动作用应略早于主车，挂车自行脱钩时能自动进行应急制动。

二、汽车制动系统的组成

电动汽车制动系统与传统汽车制动系统类似（图 6-1），主要由制动器、防抱死制动系统（ABS）、电动真空助力系统等部分组成。

1. 制动器

制动器是产生阻碍车辆的运动或运动趋势的力（制动力）的部件。目前汽车所用的摩擦制动器可分为鼓式和盘式两大类。鼓式制动器的摩擦副中的旋转元件为制动鼓，工作面为圆柱面；盘式制动器的旋转元件为圆盘状的制动盘，工作面为圆盘端面。电动汽车所用的制动器主要有前盘后鼓和前后均为盘式制动器两种形式。盘式制动器效率比鼓式制动器高，但价格比较贵，现在使用的盘式制动器主要为浮动钳盘式制动器（图6-2），制动钳体是浮动的，制动油缸一般为单侧的，且与油缸同侧的制动块总成是活动的，而另一侧制动块总成则固定在钳体上。鼓式制动器（图6-3）多用在后轮上，兼驻车制动的功能。内张型鼓式制动利用制动鼓的圆柱内表面与制动蹄摩擦片的外表面作为一对摩擦表面在制动鼓上产生摩擦力矩。

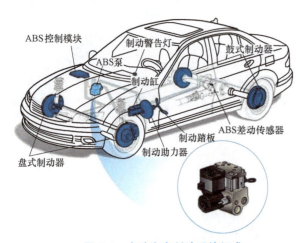

图6-1 电动汽车制动系统组成

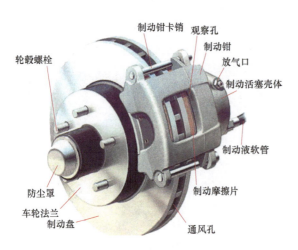

图6-2 浮动钳盘式制动器

图6-3 鼓式制动器

2. 制动压力调节装置

现代汽车所用制动压力调节装置主要是防抱死制动系统（Antilock Brake System，ABS），它在汽车制动时，自动控制制动器制动力的大小使车轮不被抱死，处于边滚边滑（滑移率在20%左右）的状态，以保证车轮与地面的附着力在最大值。ABS的组成如图6-4所示。

3. 电动真空助力系统

传统轿车上广泛装用真空助力器作为制动助力器，利用发动机进气歧管处的真空度来帮助驾驶人操纵制动踏板。纯电动汽车的真空由一套专用的真空装置提供，它主要由电动真空泵和真空储存罐组成。电动真空助力系统的组成如图6-5所示。

项目6 | 电动汽车辅助系统的结构、原理与检修

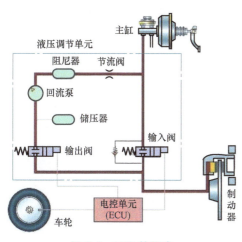

图6-4 ABS的组成

图6-5 电动真空助力系统的组成

（1）电动真空助力系统的工作过程　以某车型为例，当驾驶人起动汽车时，12V电源接通，电子控装置系统模块开始自检，真空储存罐内的真空度小于设定值（50kPa）后，真空压力传感器输出相应电压值至控制器，此时控制器控制电动真空泵开始工作；当真空度达到设定值后，真空压力传感器输出相应电压值至控制器，此时控制器控制电动真空泵停止工作；当真空储存罐内的真空度因制动消耗，真空度小于设定值（50kPa）时，电动真空泵再次开始工作，如此循环。图6-6所示为电动真空助力系统工作过程简图。

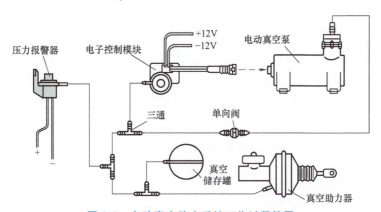

图6-6 电动真空助力系统工作过程简图

（2）电动真空泵的工作原理　下面以北汽EV160电动汽车为例说明电动真空泵工作原理。电动真空泵根据真空传感器信号反馈给整车控制器（VCU）真空度信号，整车控制器（VCU）确定真空泵的起动和停止时间。当真空度低于50kPa时，整车控制器（VCU）使真空泵起动；当真空度高于75kPa时，整车控制器（VCU）使真空泵停止；当真空度低于34kPa时，整车控制器（VCU）报警。

图6-7所示为电动真空泵工作原理图，电动真空泵的供电电压（12V）由蓄电池经过30A低压熔断器（SB06）后到整车控制器（VCU）第4脚，经过其内部控制电路后到真空泵正极，真空泵负极直接与蓄电池负极相接。真空泵是否起动受整车控制器控制，其控制依据是真空压力传感器送入的信号电压的大小。真空压力传感器

与 VCU 的连接关系是：传感器的供电和搭铁由 VCU 完成，分别接入 VCU 的第 92 脚和 50 脚，信号电压由传感器送入 VCU（第 27 脚）。

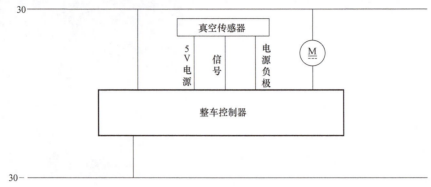

图 6-7　电动真空泵工作原理图

三、制动系统典型故障的诊断与排除

1. 电动真空系统故障及排除方法

常见电动真空系统故障及排除方法见表 6-1。

表 6-1　常见电动真空系统故障及排除方法

故障现象	检测结果及排除方法
连接电源后电机不转	检查熔断器是否熔断 熔断 1）电路短路 2）控制器损坏 3）电机烧毁短路　　　未熔断 1）蓄电池亏电 2）电路断路 3）控制器损坏
接通电源后，真空度抽至上限设定值时电机不停转	1）开关触头短路常开 2）电子延时模块损坏，应更换
压力开关不能正常开启和断开	1）压力开关触头污损、锈蚀，接触不良，应清洁触头或更换压力开关 2）连接线折断或插头连接处脱焊，应更换连接线 3）管路密封性不好，应检查管路密封性，必要时更换
设备机壳带电	1）电源线接错，壳体与电源的正极连接，应纠正错误连接 2）电源插座的地线未真实与地连接，应把电源插座中地线连接好

2. 根据电路原理图检查电动真空泵电机的供电

检查电动真空泵电机的供电是否正常的步骤：

1）检查前舱电器盒是否损坏，若损坏，则更换。
2）检查前舱电器盒线束插件是否接触不良。
3）检查前舱电器盒真空泵电机熔断器是否接触不良。熔断器 SB6 所示，位置如图 6-8 所示。
4）使用万用表测量前舱电器盒真空泵电机熔断器 SB6（30A）是否烧损。若损坏，应更换处理；否则测量 VCU 的 4 脚是否有 12V 电压，若无则 VCU 线束损坏，应更换该线束。

项目6 | 电动汽车辅助系统的结构、原理与检修

图 6-8 熔断器 SB6 所在位置

3. 检查真空压力传感器

检查真空压力传感器电路的步骤如下。

(1) 检查传感器与 VCU 之间的线束是否正常

1) 使用万用表测量真空压力传感器插件第 1 脚到整车控制器线束端 121 芯插件（B）92 脚线束针脚是否导通。压力传感器电源线测量如图 6-9 所示。

图 6-9 压力传感器电源线测量

2) 使用万用表测量真空压力传感器插件第 2 脚到整车控制器线束端 81 芯插件（A）50 脚线束针脚搭铁线是否导通。压力传感器搭铁线测量如图 6-10 所示。

3) 使用万用表测量真空压力传感器插件第 3 脚到整车控制器线束端 81 芯插件（A）27 脚线束针脚信号线是否导通。压力传感器信号线测量如图 6-11 所示。

(2) 检查真空压力传感器供电是否正常 确定真空压力传感器插件第 1 脚到整车控制器线束端 121 芯插件（B）92 脚线束针脚导通后，使用万用表测量真空压力传感器线束端第 1 脚是否有 (5±0.05)V 电压，如果电压值达不到，初步判定 VCU 损坏。

(3) 检查真空压力传感器的信号输出是否正常 确定真空压力传感器插件第 3

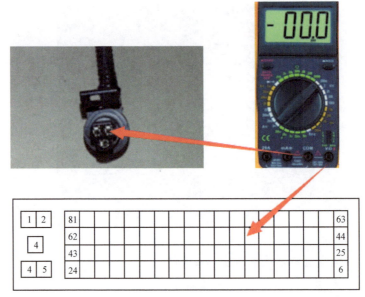

图 6-10 压力传感器搭铁线测量

图 6-11 压力传感器信号线测量

脚到整车控制器线束端 121 芯插件（B）27 脚线束针脚导通后，使用万用表测量真空压力传感器线束端第 3 脚是否有 4.5~5V 输出电压，如果电压值达不到，初步判定传感器损坏。

4. 检查真空泵

（1）检查真空泵供电是否正常　使用万用表测量真空泵插件第 1 脚到整车控制器线束端 81 芯插件（A）3 脚线束针脚是否导通。若导通，使用万用表测量真空泵线束端是否有 12~13V 电压，如果电压值达不到，初步判定 VCU 损坏。真空泵供电线束测量如图 6-12 所示。

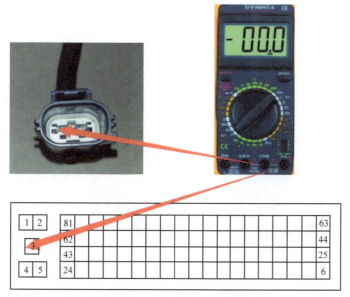

图 6-12 真空泵供电线束测量

（2）检查真空泵搭铁是否正常　使用万用表测量真空泵插件第 2 脚 G2 到低压电机线束总成 CT23 搭铁针脚是否导通。真空泵搭铁线束测量如图 6-13 所示。

图 6-13 真空泵搭铁线束测量

（3）检测真空泵是否泄露　通过踩制动踏板查看真空泵（图 6-14）是否正常工作，用真空表测试制动真空压力。当压力低于 55kP 且没有在 8s 内恢复时，检查真空泵是否漏气。如果连接管路无漏气，则判定真空泵损坏。

（4）检查真空泵是否达到正常工作压力后停止工作　如果真空泵不停止工作，检查真空罐（图 6-15）单向阀连接管路是否漏气，真空罐单向阀胶圈是否损坏。

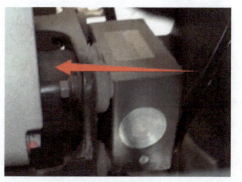

图 6-14 真空泵

5. 检查真空助力器

真空泵正常工作后，达到规定压力将停止工作，检查真空助力器（图 6-16）及连接管路是否漏气，连续踩制动踏板后踩住制动踏板，听真空助力器是否有漏气声，以确定故障点。

图 6-15　真空罐

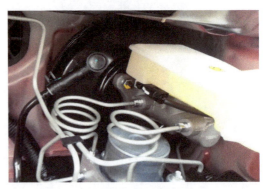

图 6-16　真空助力器

任务 2　诊断冷却系统故障

学习目标

1. 掌握电动汽车的热源和冷却的原因。
2. 掌握电动汽车冷却系统的组成及工作原理。
3. 掌握更换电动汽车冷却液的方法和注意事项。
4. 能够进行电动汽车冷却系统故障排除。
5. 掌握电动汽车蓄电池冷却的方式。

客户委托：检查和诊断冷却系统故障。

任务描述

客户反馈北汽 EV200 电动汽车行驶中仪表显示电机过热故障，车辆行驶几千米以后出现限速 9km/h 现象，仪表显示电机控制器过热，将点火开关关闭后故障现象暂时消除，但行驶一段时间后故障还会出现。作为北汽 4S 店的维修人员，你该如何排除这个故障呢？

知识准备

传统汽车中发动机工作时，气缸内的气体温度可高达 2000℃ 左右，若不及时冷却，将造成发动机零部件温度过高，尤其是直接与高温气体接触的零件，会因受热膨胀影响正常的配合间隙，导致运动件受阻甚至卡死。此外，高温还会造成发动机零部件的机械强度下降，使润滑油失去作用等。冷却系统可以在发动机工作时对温度进行合理地调节与控制，带走发动机因燃油燃烧所产生的热量，使发动机各部件保持在正常的工作温度，从而获得理想的动力输出与良好的燃油经济性。

一、冷却系统的作用

1. 电动汽车与传统汽车冷却系统的区别

电动汽车冷却系统的功能要求与传统汽车冷却系统的基本相同。但是由于两者结构、原理有差异，因此它们的热源及散热方式也不同。纯电动汽车关键零部件——蓄电池、电机、电机控制器及充电机的效率不能达到100%，在能量转化过程中会产生大量的热量，这些产生的热量如果不能及时地散发出去，将导致车辆限矩运行甚至导致零件损坏。电动汽车冷却系统的组成示意图如图6-17所示。电动汽车冷却系统的作用是将电机、电机控制器及充电机产生的热量及时散发出去，保证其在要求的温度范围内稳定高效地工作。

2. 电动汽车的热源

电动汽车主要的热源有蓄电池、电机和电机控制器等，其总的散热量约为同功率传统汽车的2.5倍，而这些热源的工作温度范围有较大的差别。要将这些部件的热量及时散走，维持部件可靠工作，必须有一套有效的体积、质量和尺寸合理的冷却系统。北汽EV200纯电动汽车为驱动电机和控制器散热的冷却系统沿用传统汽车散热器及膨胀水箱，采用电动水泵，全新设计水管。

图6-17 电动汽车冷却系统的组成示意图

3. 对电机和电机控制器进行冷却的原因

电机在运行过程中产生的热对电机的物理、电气和力学特性有着重要影响，当温度上升到一定值时，电机的绝缘材料会发生本质上的变化，最终失去绝缘能力，另一方面，随着电机温度的升高，电机中金属构件的强度和硬度会逐渐下降。由电子元器件构成的控制器，同样会由于温度过高而导致电子器件的性能下降，出现不利影响，例如过高的温度会导致半导体结点、电路损害，电阻增加，甚至烧坏元器件。

4. 电动汽车的蓄电池冷却

目前，电动汽车的蓄电池冷却系统可以分为两种方式：风冷和水冷。特斯拉电动汽车蓄电池冷却系统属于水冷系统。

特斯拉电动汽车有一套专门的液体循环温度管理系统围绕着每一个单体蓄电池，其隔离板内部的冷却液可以是静态的也可以是流动的，冷却液可以直接存储在隔离板内部管腔，也可以被装到特定的水袋中。冷却液如果是流动状态，可以与蓄电池组的冷却系统连接在一起。图6-18所示为Model S 85型热管理系统的内部构造。

在锂离子蓄电池组内部，灌注水乙

图6-18 Model S 85型热管理系统的内部构造

二醇的导热铝管呈 S 形状环绕，左、右两侧的接口为水乙二醇液体的循环接口，在铝管外还包裹着一层橘黄色的绝缘胶带。为防止绝缘胶带意外破裂，导致铝管与锂离子蓄电池外壳接触造成短路，特斯拉电动汽车在铝管外部加了一层绝缘胶进行隔离，在其他没有铝管通过的离子蓄电池之间，也使用了一层绝缘胶进行隔离。特斯拉电动汽车使用的 18650 锂离子蓄电池是定制的，有一层绝缘外衣，其裸露在外的蓄电池外壳是蓄电池负极，一旦外壳被导体连上就可能造成短路，严重时甚至会发生起火事故。

二、冷却系统的组成

电动汽车冷却系统主要由电动水泵、冷却风扇、膨胀水箱、冷却管路总成等组成。

1. 电动水泵

电动水泵如图 6-19 所示，它是冷却液循环的动力元件。电动水泵的作用是对冷却液加压，促使冷却液在冷却系统中循环，带走系统散发的热量。以北汽 EV200 电动汽车电动水泵为例，电动水泵安装在车身右纵梁前部下方，位于整个冷却系统较低的位置（图 6-20）。

图 6-19　电动水泵

图 6-20　电动水泵安装位置

北汽 EV200 电动汽车电动水泵的各项参数见表 6-2。

表 6-2　北汽 EV200 电动汽车电动水泵的各项参数

外接口尺寸	进、出水口内径/mm	16	进、出水口外径/mm	20
性能参数	额定工作电压/V	13	额定输出功率/W	30
	最大流量/(L/min)	30	电流/A	2.3

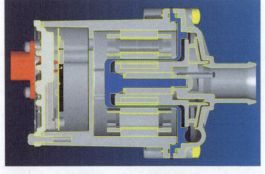

图 6-21　电动水泵剖面图

电动水泵采用的是永磁无刷直流电动机。电动水泵剖面图如图 6-21 所示，整个部件中没有动密封，浮动式转子与叶轮注塑成一体。严禁电动水泵在没有冷却液的情况下空载运行，否则将导致转子、定子的磨损，将最终导致电动水泵的损坏。

电动水泵插接器（图 6-22）位于水泵后盖上，接插器为两线式，分别为正极和负极。

电动水泵自带橡胶支架，起到降低噪声的作用。电动水泵通过 2 个 Q1860625 六角法兰面螺栓与水泵支架装配（图 6-23），紧固力矩为 9~11N·m。

图 6-22　电动水泵接插器

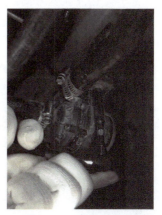

图 6-23　装配电动水泵

2. 冷却风扇

图 6-24 所示为冷却风扇，它的作用是提高流经散热器、冷凝器的空气流速和流量，以增强散热器的散热能力，并冷却机舱其他附件。

冷却风扇采用左、右双风扇构架，采用半径为 125mm、6 叶不对称结构的扇叶，采用两档调速风扇，双风扇分别由整车电源提供输入电流，根据电机、控制器、空调压力等参数由 VCU 控制双风扇运行。冷却风扇接插器为 4 线式（图 6-25）。

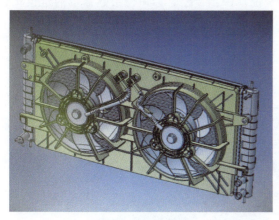

图 6-24　冷却风扇

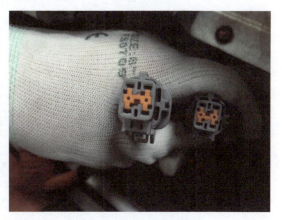

图 6-25　冷却风扇接插器

高速：2 个 "+" 接正极，2 个 "-" 接负极。

低速：2 个 "+" 接正极，1 个 "-" 接负极。

冷却风扇下部卡接在散热器水室上（图 6-26），上部通过 2 个 Q2736313A（十字槽大半圆头自攻螺钉-F 型）装配在散热器水室上，紧固力矩为 9~11N·m。

3. 膨胀水箱

膨胀水箱如图 6-27 所示，其作用是为冷却系统冷却液的排气、膨胀和收缩提供受压容积，补充冷却液和缓冲"热胀冷缩"的变化，同时作为冷却液加注口。膨胀水箱不能加液过满。如果膨胀水箱中冷却液完全用完时,不能仅仅在罐中加液,需要开启散热器盖检查液面并添加冷却液,不然膨胀水箱就会失去功用。膨胀水箱位置要高于冷却系统的所有部件,目的是当冷却液受热膨胀至散热器盖的蒸气阀打开时,部分冷却液能随着高压蒸气通过水管进入膨胀水箱。北汽EV200电动汽车的膨胀水箱开启压力为29~35kPa,膨胀水箱采用PP材料,结构设计应满足爆破压力≥200kPa。

图6-26 冷却风扇装配

图6-27 膨胀水箱

膨胀水箱补水端外径为20mm,溢气端外径为8mm,胶管安装时应插接到底。

4. 冷却管路总成

目前冷却管内、外胶为三元乙丙橡胶(EPDM),中间层由织物增强,耐温等级是Ⅰ级(125℃),爆破压力达到1.3MPa。

冷却液管壁厚4mm,端口有安装定位标识,装配时标识与散热器上的定位标识应对齐。

三、冷却系统冷却路径

电动汽车冷却系统(充电机风冷式)的冷却路径如图6-28所示。

电动水泵 → MCU → 电机 → 散热器 → 水泵

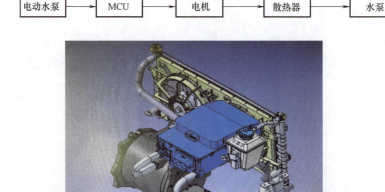

图6-28 电动汽车冷却系统(充电机风冷式)的冷却路径

电动汽车冷却系统(充电机水冷式)的冷却路径如图6-29所示。

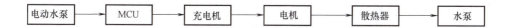

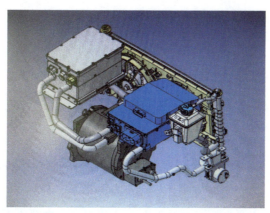

图6-29 电动汽车冷却系统(充电机水冷式)的冷却路径

四、冷却系统控制策略

冷却系统电动水泵与散热器冷却风扇都由VCU控制,供电源均为辅助蓄电池。

VCU通过控制水泵继电器使电动水泵工作运行或者关闭。电动水泵根据整车热源(电机、电机控制器和充电器)温度进行控制。

VCU通过控制高速风扇继电器或者低速风扇继电器,使得风扇1和风扇2同时开启或者关闭。

在充电与工作模式下,冷却系统控制模式见表6-3。

表6-3 冷却系统控制模式

工作模式	控制单元	热源	风扇档位	ON档温度/℃	OFF档温度/℃
充电模式	水泵	充电器	—	55	45
	冷却风扇	充电器	低速	65	60
			高速	75	70
工作模式	水泵	电机控制器	—	-30	-35
		电机	—	-30	-35
	冷却风扇	电机控制器	低速	45	43
			高速	50	48
		电机	低速	75	73
			高速	80	78

由于散热器冷却风扇同时给冷凝器、散热器提供强制冷却风,故散热器冷却风扇运行策略受空调压力与整车热源温度双向控制,两者择高不择低。

五、冷却系统的检查与冷却液加注

1. 检查冷却系统

1)检查冷却液液位(图6-30)。纯电动汽车冷却液液位必须定期检查,检查冷却液液位应在电机降温后进行,在电机未完全冷却时打开散热器盖,可能会导致冷却液喷出,造成人员烫伤。检查电动汽车冷却液液位方法与检查传统汽车无区别,一般为目视检查。

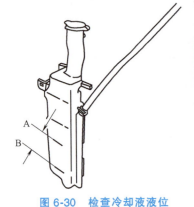

图6-30 检查冷却液液位

注意:在打开散热器盖之前,必须确认电机、DC/DC变换器、电机控制器以及散热器均已冷却。

在冷却液处于冷状态测量时,膨胀水箱内的冷却液的液面高度应保持在两条标记线(图6-30中A、B)之间。

2)检查冷却系统有无泄漏现象。检查冷却系统各管路和各部件接口处有无泄露现象。

注意:在检查前机舱任何部件之前,需要整车下电,将点火开关关闭,断开辅助蓄电池负极。

3)检查电动水泵电源导线是否有老化、破皮、电源线铜芯外露等现象。

4)检查散热器盖有无泄漏、软管处有无泄漏,芯体是否老化、堵塞。当散热器和空调散热片出现碎屑堆积时应进行清洗,在电机冷却后,在散热器后部(电机侧)使用压缩空气吹走散热器或空调冷凝器上的碎屑。

注意:严禁使用水枪对散热器散热片喷水进行清洗。

2. 加注冷却液

如果膨胀水箱中的冷却液液位低于下限(MIN)刻度线,则应添加冷却液,使液位上升到上限(MAX)刻度线。加注冷却液建议依据整车维护进行,建议每2年完全更换1次冷却液。

北汽EV200电动汽车加注的冷却液型号为"-40℃"的E00004003,整车加注量充电机风冷式车型为3.8L,充电机水冷式车型为4.5L。

注意:只可添加原厂指定型号的防冻冷却液。若添加不同型号的冷却液或直接加水,会使得冷却系统发生锈蚀和产生沉淀物。切勿向冷却系统内添加任何防锈剂或其他添加物,因为添加物可能与冷却液或电机组件不相容。

冷却液加注步骤为打开膨胀水箱盖—排空冷却系统—关闭放水阀—一次加注—上电运转水泵—二次加注—关闭膨胀水箱膨胀阀。

向散热器加注口加注符合新能源汽车使用标准的冷却液,至目测冷却液加注至冷却液加注口位置时,起动电动水泵,待水泵循环运行2~3min后,向散热器补充冷却液至加注口,重复以上加注操作,直至达到冷却系统加注量要求,然后向膨胀水箱加注冷却液至上限位置。

注意:人工加注冷却液存在驱动电机和控制器中冷却液无法彻底排除的问题,实际加注量可能低于标准值。

六、冷却系统常见故障及诊断

1. 冷却系统常见故障

冷却系统常见故障现象、原因和解决方案见表6-4。

表 6-4　冷却系统常见故障现象、原因和解决方案

故障现象	故障部位	故障原因	解决方案
电机或控制器过热	冷却液缺少	未按维护手册添加冷却液	溢水罐处添加冷却液
	冷却液泄漏	环箍破坏,水管接口处冷却液泄漏	更换全新环箍,留存故障件
		水管破损,水管本身冷却液泄漏	更换全新水管,留存故障件
		散热器芯体破坏,芯体处渗漏冷却液	更换散热器芯体,留存故障件
		散热器水室开裂,水室外侧泄漏冷却液	更换散热器芯体,留存故障件
		散热器水室与芯体压装不良,接缝处渗漏	更换散热器芯体,留存故障件
		散热器放水螺塞丢失,放水孔处渗漏	更换散热器放水螺塞
	电动水泵	冷却液中有杂质导致电动水泵堵转	更换系统冷却液
		电动水泵破损,泵盖/密封圈/泵轮破坏	更换电动水泵,留存故障件
		整车线束故障,虚接/短路/断路等故障	查找线束故障,依据线束维修手册处理
		控制器/继电器熔丝熔断,插接器脚退针	更换电动水泵,留存故障件
	散热器冷却风扇	风扇控制器/继电器/插接器针脚退针	更换散热器风扇,留存故障件
		整车线束故障,虚接/短路/断路等故障	查找线束故障,依据线束维修手册处理
		扇叶破损/断裂,扇叶不工作	更换扇叶,留存故障件
		电机/控制器温度传感器故障,风扇不工作	查找电机/控制器故障,依据维修手册处理
	散热器	芯体老化,芯管堵塞	更换散热器
		散热带倒伏,影响进风量	更换散热器
		水室堵塞,影响冷却液循环	更换散热器
	前保险杠中网或下格栅	进风口堵塞	查找进风口故障,依据相应维修手册处理

冷却系统部件异响常见故障现象、原因和解决方案见表 6-5。

表 6-5　冷却系统部件异响常见故障现象、原因和解决方案

故障现象	故障部位	故障原因	解决方案
水泵异响	电动水泵	冷却液中有杂质导致电动水泵堵转	更换系统冷却液
		泵轮破坏,造成电动水泵异响	更换电动水泵,留存故障件
		冷却液缺失,电动水泵空转	补充冷却液
		冷却液排空气不彻底,导致电动水泵气蚀	冷却液排空气处理
		电动水泵高速运行,控制器或线束故障	更换控制器或查找整车线束故障
散热器风扇异响	散热器风扇	扇叶破损/断裂,扇叶异响	更换扇叶,留存故障件
		护风圈与扇叶摩擦,扇叶异响	更换风扇总成,留存故障件
		护风圈进入杂质,扇叶异响	排除杂质,确认风扇无异常
		冷却液温度过高,风扇高速运转	根据电机过热排除故障

2. 冷却系统典型故障诊断

（1）故障现象　客户反馈北汽 EV200 电动汽车行驶中仪表显示电机过热故障，车辆行驶几千米以后，出现限速 9km/h 现象，仪表显示电机控制器过热，将点火开关关闭后故障现象暂时消除，但行驶一段时间后故障还会出现。

（2）故障诊断与排除方法　分析故障可能的原因为冷却液缺少、电动水泵故障、散热器冷却风扇故障、冷却循环管路堵塞、电机温度传感器故障等。

1）目测，检查冷却液是否缺少，管路有无泄露等现象。

2）若无1）现象，连接诊断仪，选择对应的车型和系统，进入整车控制器的数据流界面，选择所需的数据选项，读取电机和电机控制器温度的变化，判断具体的故障原因。

3）分析冷却系统部分电路（图 6-31），检查电动水泵工作是否正常；检查 MB02 熔断器是否损坏，如果损坏，应更换；检查水泵继电器工作是否正常；检查水泵本体。

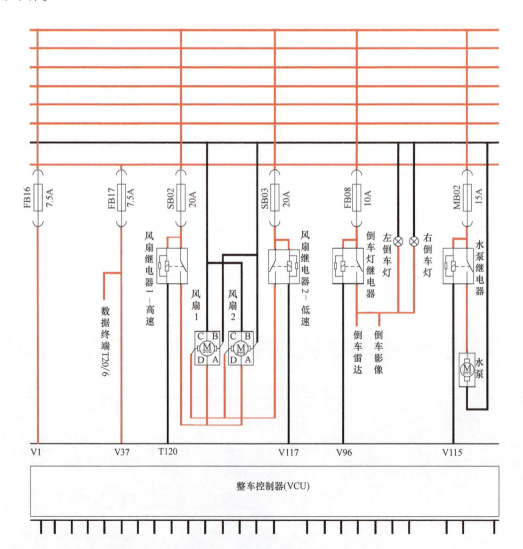

图 6-31　冷却系统部分电路

4）检查风扇工作是否正常，检查熔断器 SB02 和 SB03 是否损坏，如果损坏，应更换；检查风扇继电器 1-高速和风扇继电器 2-低速是否工作正常；检查电机温度传感器工作是否正常；检查风扇本体。

5）观察膨胀水箱是否存在冷却液循环不畅现象，进一步对冷却系统进行水道堵塞排查。采用压缩空气对散热器、管路和电机控制器进行疏通检查，若有堵塞，找到堵塞点并用高压空气将电机控制器内部异物吹出，恢复冷却系统管路，加注冷却液后进行试车。

任务 3　诊断电动助力转向系统（EPS）故障

学习目标

1. 掌握转向系统的组成及关键部件的作用。
2. 掌握转向系统的工作过程。
3. 掌握转向系统接插器各端子的含义。
4. 能够完成转向系统常见故障的检测。

客户委托：排除"转向时转向盘沉重故障"。

任务描述

王先生于 2015 年购买了一辆北汽 EV200 电动汽车，行驶了 2 万 km，最近发现车辆在行驶时向左转向时转向盘稍微沉重，向右转向时转向盘正常，仪表显示无故障。于是王先生前往 4S 店进行维修。维修人员接待了王先生，详细询问车辆故障现象及故障发生的过程，了解客户需求后，展开维修工作。

知识准备

一、电动助力转向系统概述

在汽车节能减排、小型化、轻量化的发展趋势中，电动助力转向系统（EPS）的应用成为汽车转向系统技术的主流，特别是在新能源和电动乘用车领域。

传统的液压助力依靠发动机运转来带动液压泵，所以液压转向系统会使整个发动机燃油消耗量增加 3% 至 5%，而 EPS 以蓄电池为能源，以电机驱动，可独立于发动机工作，EPS 几乎不直接消耗发动机动力，降低了车辆使用过程中的油耗。EPS 可使整车油耗降低大约 2.5%。

EPS 能够根据汽车转向盘转矩、转向盘转角、车速和路面状况等，为驾驶人提供最佳转向助力，使转向更加轻松柔和。另外，EPS 能使车辆具有良好的直线保持能力以及抑制颠簸路面反作用力的能力，保证各种行驶工况下的路感。

二、电动助力转向系统的组成及分类

电动助力转向系统（EPS）主要是由转矩传感器、电控单元（ECU）和助力电

动机等组成（图6-32）。电控单元根据各传感器输出的信号计算所需转向助力的转矩，并通过功率放大模块控制助力电动机转动，电动机的输出经过减速机构减速增矩后驱动齿轮齿条机构产生相应的转向助力。

电动助力转向系统按助力作用位置分为管柱助力式（C-EPS）、齿轮助力式（P-EPS）和齿条助力式（R-EPS）3种。

图6-32　电动助力转向系统的结构

三、电动助力转向系统关键部件的结构及工作原理

1. 电动机总成的结构及电动机控制原理

ESP使用的电动机分为两种：有刷电动机和无刷电动机。安装在转向器上的电动机总成由一个蜗杆，一个蜗轮和一个直流电动机组成。当蜗杆与安装在转向器输出轴上的蜗轮啮合时，它降低电动机速度并把电动机输出的力矩传递到输出轴。

图6-33所示为EPS直流电动机的组成。

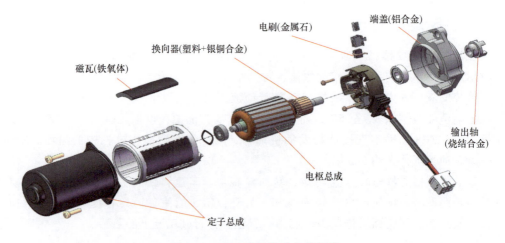

图6-33　EPS直流电动机的组成

EPS常采用永磁式直流电动机，额定电压为12V。较简单的电动机正反向和转

矩控制电路如图 6-34 所示。图中，a_1、a_2 为触发信号输入端，触发信号由 ECU 根据转向信号提供。当 a_1 端得到高电位触发信号时，晶体管 VT_3 导通，同时 VT_2 得到基极电流导通，电流经 VT_2 电动机 M 和 VT_3 形成回路，使电动机正转。同理，当 a_2 端得到触发信号时，将使电动机反转。ECU 控制触发信号电流的大小即可控制通过电动机的电流大小及助力转矩的大小。当需要最大转向助力时，晶体管将工作在饱和导通状态；当需要较小转向助力时，晶体管将处于非饱和导通状态。

2. 转矩传感器的结构及控制原理

转矩传感器由两个带孔圆环、线圈、线圈盒及电路板组成。转矩传感器获得转向盘上操作力的大小和方向信号，并把它们转换为电信号，传递到 EPS 控制器。

两个带孔圆环一个安装在输出轴上，一个安装在输入轴上。当输入轴相对输出轴转动时，电路板计算出输入轴相对于输出轴的旋转方向和旋转量。当转动转向盘时，转矩被传递到扭力杆，输入轴和输出轴之间出现角度偏差，电路板检测出角度偏差及方向，通过计算得到转矩大小和方向并转换为电压信号传递到 EPS 控制器中。

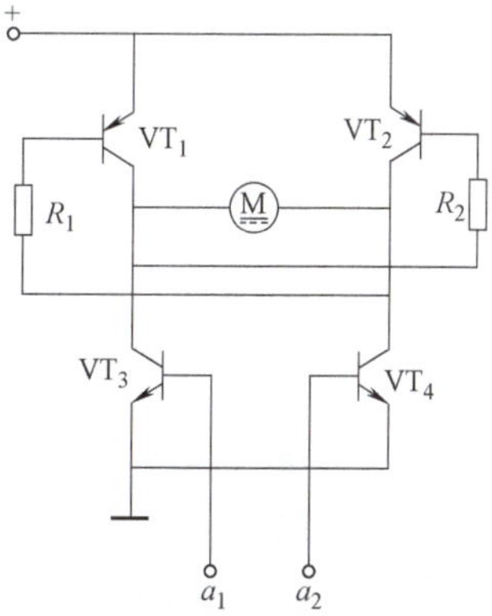

3. 蜗轮蜗杆减速机构

蜗杆传动由蜗杆、蜗轮组成，用于传递空间两交错轴之间的运动和动力，通常两轴交错角为 90°，一般用作减速传动，广泛应用于各种机械设备和仪表中。按蜗杆的形状不同，蜗杆传动可分为圆柱蜗杆传动、圆弧面蜗杆传动和锥面蜗杆传动。蜗轮蜗杆减速机构起到传递转矩和减速的作用，其结构如图 6-35 所示。

图 6-34 电动机正反向和转矩控制电路

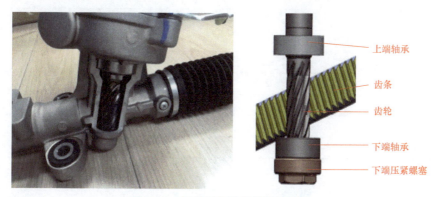

图 6-35 蜗轮蜗杆减速机构的结构

蜗轮蜗杆减速机构的特点有以下几个：

1) 传动比大，结构紧凑。单级蜗杆比 $i = 5 \sim 80$，若只传递运动，其传动比可达 1000。

2) 传动平稳，噪声小。由于蜗杆齿呈连续的螺旋状，它与蜗轮齿的啮合是连续不断进行的，同时啮合的齿数较多，故传动平稳，噪声小。

3) 可制成具有自锁性的蜗杆。当蜗杆的螺旋线升角小于啮合面的当量摩擦角时，蜗杆传动便具有自锁性。

4）传动效率低。因蜗杆传动齿面间存在较大的相对滑动，摩擦损耗大，因此效率较低，一般为 0.7~0.8。具有自锁性的蜗杆传动，效率小于 0.5。

5）蜗轮的造价较高。为减轻齿面的磨损及防止胶合，蜗轮一般采用价格较贵的有色金属制造，因此造价较高。

四、电动助力转向系统接插器各端子的定义

电动助力转向系统插接器外观如图 6-36 所示，端子定义见表 6-6。

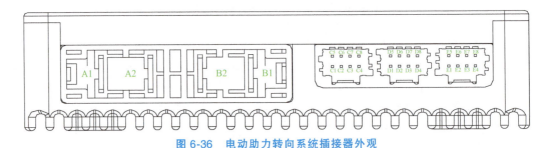

图 6-36　电动助力转向系统插接器外观

表 6-6　电动助力转向系统插接器端子定义

端子	端子用途定义	颜色
A1	电源正	红
A2	电源负	黑
B1	电机正	黑
B2	电机负	红
C2	辅路（T2）	绿
C5	主路（T1）	黑
C6	搭铁（GND）	—
C7	电源+12V	红
C8	电源 TSV5	—
D5	CAN-H	黄
D6	CAN-L	白
D8	点火开关（IG）	绿

五、电动助力转向系统的工作原理

图 6-37 所示为电动助力转向系统原理图。

1）当点火开关处于 ON 档，ON 档继电器吸合后 EPS 开始工作。

2）EPS 正常工作时，EPS 根据来自 VCU 的车速信号、唤醒信号及来自转矩传感器的转矩信号等进行综合判断，以控制 EPS 助力电动机的转矩、转速和方向。

3）转向控制器在上电 200ms 内完成自检，上电 200ms 后可以与 CAN 线交换信息，上电 300ms 后输出 470 帧（转向故障和转向状态上报帧）。

4）当 EPS 检测到故障时，通过 CAN 总线或硬线向 VCU 发送故障信息，并采取相应的处理措施。

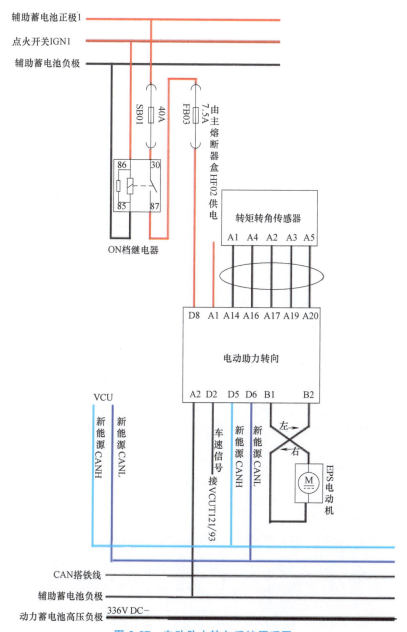

图 6-37 电动助力转向系统原理图

EPS 的助力作用受 ECU 控制,在低速转向时的助力作用最强,随着车速的升高助力作用逐渐减弱,当车速达到一定值时 ECU 停止向电动机供电,转向变为完全由驾驶人人力操纵。由此可见,EPS 在低速转向时可获得较轻便的转向特性,而在高速转向时可获得完全的转向"路感",具有优越的控制特性,保证车辆行驶的安全。

六、电动助力转向系统常见故障的检测

1. 常见故障

(1) 转向沉重 可能的原因有插接器未插好;线束接触不良或破损;转向盘安装不正确;转矩传感器性能不良;转向器故障;车速传感器性能不良;主熔丝和电

路熔丝烧坏；EPS 控制器故障。

故障排除方法为插好插接器；更换线束；正确安装转向盘；更换转向器；更换车速传感器；更换熔丝；更换 EPS 控制器。

（2）直行时车辆总是偏向一侧　可能的原因为转矩传感器性能不良，故障排除方法为更换转向器。

（3）转向力不平顺　可能的原因为转矩传感器性能不良，故障排除方法为更换转向器。

2. 故障检测流程

排除电动助力转向系统故障，要遵循一定的故障检测流程（图 6-38）。

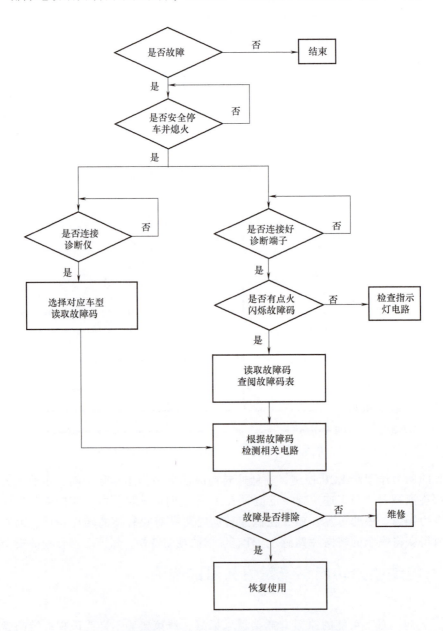

图 6-38　电动助力转向系统故障检测流程

3. 故障检测步骤

电动助力转向系统故障检测步骤见表6-7。

表6-7 电动助力转向系统故障检测步骤

步骤	操作	是	否
1	主熔丝和电路熔丝是否完好	进入第2步	主熔丝和电路熔丝断
2	打开点火开关。检查终端"D8"和控制盒体搭铁之间的电压,是否是蓄电池电压	进入第3步	整车信号线断开或短路
3	检查终端"A1"和控制盒体搭铁之间的电压,是否是蓄电池电压	进入第4步	整车电源线断开或短路
4	整车无助力是否可以行驶	进入第5步	CAN通信不畅
5	插接器与EPS控制盒之间连接是否牢靠	如果上述各项都无问题,更换一个换好的EPS控制盒,重新检查	搭铁不良

4. 转矩传感器的检测

参考表6-7,对转矩传感器电压信号进行检测,打开点火开关,转动转向盘在直行状态,主、辅信号电压约为2.5V;左转时主信号电压升高,辅信号电压降低,主、辅电压之和等于5V;右转时主信号电压降低,辅信号电压升高,主、辅电压之和等于5V。

5. 转向盘自由间隙的检查

通过轴向和横向移动转向盘,检查转向盘是否松动或发出"吱吱"声。如果发现缺陷,应维修或更换。在车辆停止,车轮固定在地面朝前方的状态下,检查转向盘的自由间隙。

转向盘自由间隙的范围为0~30mm。

若转向盘自由间隙不在规定的范围内,应检查:转向横拉杆球头是否磨损;下部球接头是否磨损;转向轴接头是否磨损;转向小齿轮或齿轮齿条是否磨损或破裂;其他部件是否松动。如果发现缺陷,应更换。

6. 转向力的检查

1) 汽车停放在水平路面上,转向盘放置在平直向前位置。
2) 检查轮胎充气压力是否符合指定要求。
3) 起动车辆。
4) 将点火开关钥匙置于ON档,通过相切方向钩住转向盘上的弹簧秤测量转向力。
5) 转向力至少为35N。

任务 4　检修电动空调系统

学习目标

1. 了解电动汽车空调系统的组成。
2. 掌握电动汽车空调系统的控制原理。
3. 能够按照安全操作规程对空调系统进行维修。
4. 掌握空调系统维修故障案例。

客户委托：排除电动空调系统不制冷故障。

任务描述

一辆电动汽车的空调系统不能出冷风，作为一名维修电动汽车的技师请你为客户的车辆进行检查并排除空调系统故障。

知识准备

汽车空调系统是对车厢内空气进行制冷、加热、换气和空气净化的装置。空调可以为乘车人员提供舒适的乘车环境，降低驾驶人的疲劳强度，提高行车安全。

一、空调制冷系统的组成

电动空调制冷系统的组成与传统车辆类似，由压缩机、冷凝器、膨胀阀、蒸发器及管路组成，只是压缩机改为电动压缩机。某电动车型的空调系统组成如图 6-39 所示。

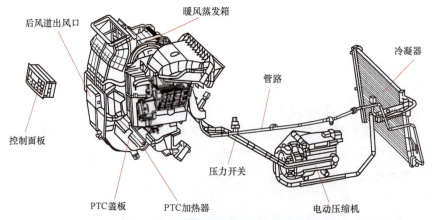

图 6-39　某电动车型的空调系统组成

空调制冷剂循环过程如图 6-40 所示。

1. 电动压缩机

电动汽车空调驱动方式与传统汽车空调不同，采用电机驱动。电动压缩机固定在车辆的底盘上，一般在电动压缩机上集成有压缩机控制器。压缩机控制器将高压直流电转换成三相交流电而驱动电动压缩机。电动压缩机上布置有高压插接器和低

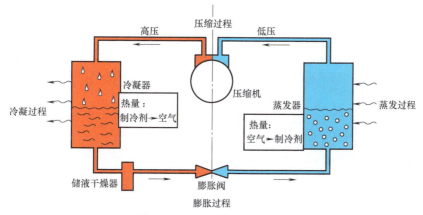

图 6-40 空调制冷剂循环过程

压插接器，电动压缩机本体上有制冷剂循环的进出管路。某车型电动压缩机的外观与安装位置及说明如图 6-41 所示。

 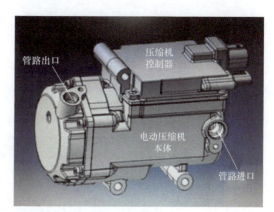

图 6-41 某车型电动压缩机的外观与安装位置及说明

电动汽车空调的压缩机一般使用涡旋式压缩机。涡旋式压缩机包括一个定涡盘和一个动涡盘，这两个相互啮合的涡盘的线形是相同的，它们相互错开 180° 安装在一起，即相位角相差 180°。涡旋式压缩机的工作过程如图 6-42 所示，压缩机内部工作分为吸气、压缩、排气等过程。

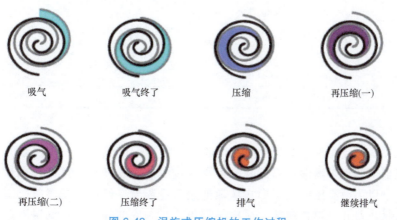

图 6-42 涡旋式压缩机的工作过程

电动压缩机参数包括工作电压范围、额定输入功率、控制电源电压范围等。某车型电动压缩机的参数见表6-8。

表6-8 某车型电动压缩机的参数

工作电压范围(DC)/V	330~450
额定输入电压(DC)/V	384
额定输入功率/W	2437
控制电源电压范围(DC)/V	9~15
控制电源最大输入电流/mA	500
电动机类型	直流无刷无传感器电动机,6极
额定转速/(r/min)	6500
最小转速/(r/min)	1000
转速误差/(%)	<1
排量/(ml/rev)	27
制冷剂	R134a
冷冻机油	RL68H;POE68
制冷量/W	4875

某车型电动压缩机插接器端口定义见表6-9。

表6-9 某车型电动压缩机插接器端口定义

接插件	端口	端口定义	备注
高压两芯（动力接口）	A	高压正	控制器与动力蓄电池连接
	B	高压负	
低压六芯（控制信号接口）	1	12VDC 正极	—
	2	空调开关信号输入	高电平或悬空为关闭(OFF),低电平或搭铁为开启(ON)。高电平输入范围:5~15V DC,15mA;低电平输入范围:0~0.8VDC,15mA
	3	空调调速信号输入	信号形式为 400Hz PWM 占空比信号,电压:0~15V。高电平为5~15V,15mA;低电平为0~0.8V
	4	12VDC 负极	—
	5	CAN-H 接口	—
	6	CAN-L 接口	—

2. 冷凝器

冷凝器是用于将制冷剂所含热量释放并将制冷剂由气态转变成液态的热交换设备。冷凝器安装在车辆的前部,风扇将风吹过散热装置以利于排出热量。来自压缩机的制冷剂以高温高压的气态形式从顶部进入冷凝器。经过冷凝器时,制冷剂释放所含的大量热量并凝集在底部。在冷凝器出口,制冷剂处于高压低温液态。冷凝器的工作原理如图 6-43 所示。

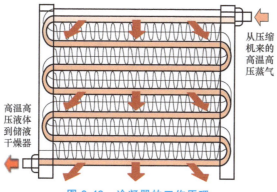

图 6-43 冷凝器的工作原理

3. 膨胀阀

膨胀阀的作用是使从冷凝器过来的高温高压液体制冷剂通过膨胀阀的节流降压成为容易蒸发的低温低压雾状制冷剂进入蒸发器,即分开了制冷剂的高压侧和低压侧。膨胀阀可以自动调节制冷剂流量,它根据制冷负荷的改变和压缩机转速的变化自动调节制冷剂进入蒸发器的流量,以满足制冷循环的需要。膨胀阀的外观和内部结构如图 6-44 所示。

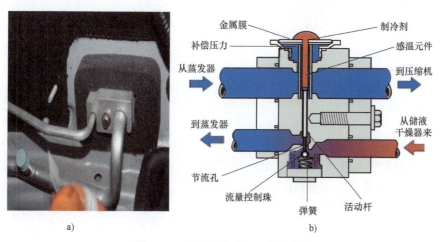

图 6-44 膨胀阀的外观和内部结构
a) 膨胀阀的外观 b) 膨胀阀内部结构

4. 蒸发器

蒸发器是一个热交换设备,减压后的制冷剂以液/气态进入蒸发器,蒸发器中的制冷剂吸收进入车内的外部空气的热量,制冷剂蒸发。在蒸发器出口处,制冷剂呈低压低温气态。

在蒸发器处安装有蒸发器温度传感器来测量蒸发器温度,当蒸发器温度低于一定温度时空调停止运转,防止蒸发器结霜、结冰;当蒸发器温度高于一定温度时,空调系统才能重新接通,是空调电气控制系统的一个保护性传感元件。图 6-45 所示为蒸发器外观和蒸发器温度传感器。

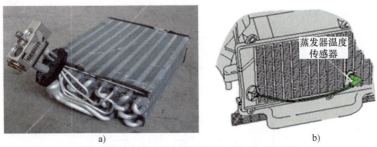

图6-45 蒸发器外观和蒸发器温度传感器

a) 蒸发器外观 b) 蒸发器温度传感器

二、空调送风系统

空调送风系统的作用是将经过冷却或加热的空气通过特定的风道送到驾驶室内相应的位置。送风系统的组成主要由风机、风道、风门和出风口等组成。某车型空调送风系统的结构如图6-46所示。

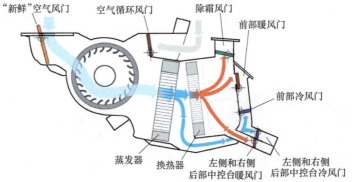

图6-46 某车型空调送风系统的结构

空调控制器一般与空调面板制成一体，控制电机调节和控制系统中的各个风门，使之按需要移动到各种位置，引入内部或外部的空气通过不同的风道，实现各种送风模式。图6-47所示为风道内部元件及结构。

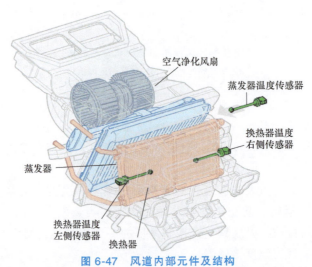

图6-47 风道内部元件及结构

三、空调采暖系统

电动汽车没有传统汽车的发动机,没有了热源,因此靠电加热器的热能来采暖。在空调的暖风部分,热源为 PTC 加热电阻。有的电动车型使用 PTC 加热电阻加热冷却液作为热源。

某车型 PTC 加热电阻由高压供电,由整车控制器或空调控制器控制搭铁电路。某车型 PTC 加热电阻的电路原理及外观如图 6-48 所示。

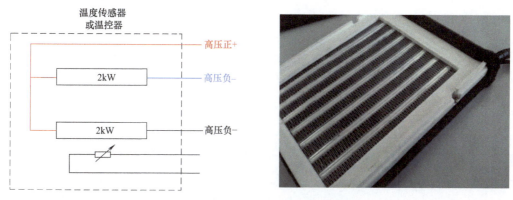

图 6-48　某车型 PTC 加热电阻的电路原理及外观

在有些车型上,PTC 加热电阻的工作由专门的控制模块控制。PTC 加热电阻电路如图 6-49 所示。PTC 控制模块采集加热请求,同时根据整车控制器或压缩机控制器控制信号、PTC 总成内部传感器温度反馈等信号综合控制 PTC 的通断。PTC 控制模块采集信息内容包括风速、冷暖程度设置、出风模式、加热器起动请求、环境温度。

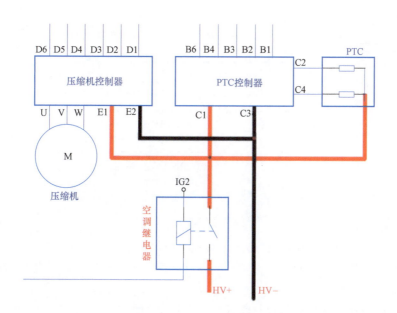

图 6-49　PTC 加热电阻电路

四、电动空调的控制原理

1. 空调控制方式

在某电动车型中,整车控制器(VCU)控制空调功能的开启与关闭。点火开关旋至 ON 档后,按下 A/C 按钮,表示空调制冷功能请求输出。此时,整车 VCU 会接到 A/C 请求信号,同时开关上的工作状态指示灯亮,VCU 根据内部程序控制制冷系统工作。图 6-50 所示为由整车控制器控制的空调系统工作原理图。

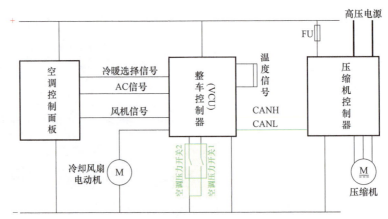

图 6-50 由整车控制器控制的空调系统工作原理图

图 6-51 所示为由空调控制器控制的空调系统工作原理图。

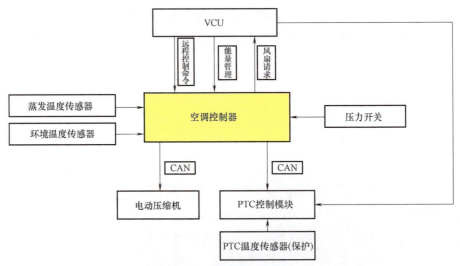

图 6-51 由空调控制器控制的空调系统工作原理图

2. 冷却风扇的控制策略

冷却风扇的控制与制冷剂管路压力有关,冷却风扇的工作条件如下。

1)开启条件:高、低压开关闭合,并且 AC 请求信号开启或蓄电池制冷请求信号开启。

2)关闭条件:高、低压开关断开或 AC 请求关闭。

3)关闭延时控制:待机模式下,高、低压开关断开,请求关闭,冷却风扇延时 5s

关闭。开机模式下,高、低压开关断开时,冷却风扇延时 5s 关闭。若高、低压开关闭合,关闭 AC 请求,则冷却风扇延时 5s 关闭。风扇控制与系统压力的关系见表 6-10。

表 6-10　风扇控制与系统压力的关系

序号	系统压力工况	系统高、低压触发状态	系统中压触发状态	风扇请求状态
1	压力过低	触发	未触发	停机
2	压力正常	未触发	未触发	低速
3	压力偏高	未触发	触发	高速
4	压力过高	触发	触发	高速

3. 与空调系统有关的控制器的通信

下面以北汽新能源车型为例介绍空调系统的内部通信原理。

(1) 空调控制器与 PTC 控制器通信　空调控制器(以下简称 ECC)与 PTC 控制器(以下简称 PTC)通过 500K CAN 网络进行信息交互。空调控制器与 PTC 控制器通信原理如图 6-52 所示。

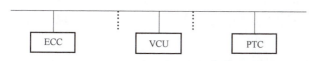

图 6-52　空调控制器与 PTC 控制器通信原理

根据 CAN 报文协议,在冷暖调节(即屏幕显示)至暖区 4 档时,ECC 发出 PTC 使能命令;环境温度大于 35℃时,不允许 PTC 加热器工作;收到 VCU 停机命令后不允许启动 PTC 加热器,若已经启动,应即时停止 PTC 工作;PTC 启动状态下,若乘员关闭空调,则风机延时 5s 后停机,同时风向调整至吹足,此延时状态仅用于 PTC 散热,显示屏在关机时刻即关闭。

(2) 空调控制器与压缩机控制器之间的通信　空调控制器(以下简称 ECC)与压缩机控制器(以下简称 EAS)通过 500K CAN 网络进行信息交互。

在按下 A/C 制冷功能按键后起动电动压缩机,同时指示灯亮;此功能起动后自动联动内循环;仅在冷暖调节至相应区间后可起动电动压缩机;指示灯表示目前处于制冷状态,不指示实际电动压缩机工作状态(即电动压缩机由于蒸发温度、管路压力、故障、移出相应冷暖调节区间、VCU 停机命令等因素停机或暂时停机时,此按键指示灯不熄灭),直至乘员手动关闭;在待机状态操作此按键可唤醒空调,同时启动制冷功能。

(3) 空调控制命令　根据 CAN 报文协议,控制电动压缩机须同时发出使能、目标转速两项命令。目标转速根据制冷程度选择分别对应 3500r/min(最冷)、2500r/min、2000r/min、1500r/min,冷暖调节为中间状态或制暖状态时压缩机停机;蒸发温度目标值上、下限分别为 1℃、4℃;环境温度低于 5℃时,不允许电动压缩机工作;收到 VCU 停机命令后不允许起动电动压缩机,若已经起动,即时停止电动压缩机工作。

五、排除空调系统故障

1. 空调系统故障诊断原理

空调系统故障包括 CAN 通信故障、欠电压故障、过电压故障、过热警告、过电流保护。

（1）CAN 通信故障　当空调控制器接收到来自 CAN 总线的控制指令时，控制器将根据控制指令执行相应动作。压缩机在运行过程中要不断地接收来自 CAN 总线的信息，若 EAS 在 5s 内未接收到有效的 CAN 指令，则认为 CAN 通信故障，压缩机将执行停机操作。

（2）欠电压故障　当空调控制器输入电压小于 220VDC 时，进入欠电压故障模式，控制器通过 CAN 信息将故障信息上传。

（3）过电压故障　当空调控制器输入电压大于 420VDC 时，进入过电压故障模式，控制器通过 CAN 信息将故障信息上传。

（4）过热警告　控制器通过内部传感器可以实时监测 IGBT 的工作温度。当 IGBT 工作温度大于 90℃时，控制器将给出停机指令，停止压缩机工作并将过热警告信息通过 CAN 总线上传。

（5）过电流保护　控制器在运行过程中，如果载荷超过系统最大带载能力或出现较大扰动，造成系统输出相电流变大，达到硬件设定值时，将会触发硬件过电流保护功能。此时控制器立刻停止运行并通过 CAN 通信上报故障信息。

2. 空调系统维修注意事项

1）压缩机绝缘电阻值应为 20MΩ。
2）注意高压部件安全操作。
3）拆解后应及时密封各管路开口，防止水或湿空气进入系统。
4）冷冻机油为 POE68，与传统汽车（PAG 冷冻机油）不同，勿混用。
5）连接安装各管路接口时应注意管口清洁，O 形圈涂抹冷冻机油。
6）制冷剂加注量应符合要求。
7）制冷剂喷出时注意个人防护，避免接触冻伤、吸入口中及误入眼睛。

3. 制冷系统故障排查简要流程

（1）压缩机故障
1）确认操作正常。
2）检查系统压力是否正常。
3）检查空调系统的电路是否存在短路、断路、插接器接触不良的现象。
4）若均正常，可怀疑空调控制面板或 VCU，检查电动压缩机控制信号是否正常。
5）无法检出外围故障时，可认定为压缩机自身故障。

（2）PTC 故障
1）确认操作正常。
2）检查系统连接是否正常，是否存在接插器漏插等现象。
3）确认高压熔断器（即高电压输入 PTC 控制器）是否正常。
4）建议通过故障诊断仪进行故障提示。

4. 电动压缩机常见故障分析

电动压缩机是空调系统的核心部件，电动压缩机常见故障分析见表 6-11。
PTC 加热器常见故障模式及排除见表 6-12。

表 6-11　电动压缩机常见故障分析

故　障	现　象	原因及判断	检测及排除措施
驱动控制器不工作,压缩机不工作	压缩机无起动声音,电源电流无变化	①12VDC 控制电源未通入驱动控制器 ②控制电源电压不足或超压 ③插接器端子接触不良或松脱	①检查驱动控制器控制电源插接器端子是否松脱 ②检查控制电源到驱动控制器之间的导线是否有断开 ③测量控制电源电压是否达到要求(对 12VDC 控制电源驱动控制器,控制电源应大于 9VDC,不得高于 15VDC)
驱动控制器工作正常,压缩机不正常工作	压缩机发出异常声音	①电机缺相 ②冷凝器风机未正常工作,系统压差过大,电机负载过大	①检查驱动控制器与电机连接的三相插头及相关导线,保证其接触良好及导通 ②保证冷凝器风机正常工作,待系统压力平衡后再次起动
驱动控制器工作正常,压缩机不工作	压缩机无起动声音,电源电流无变化,各端口电压正常	驱动控制器未接收到空调系统的 A/C 开关信号	①检查 A/C 开关是否有故障 ②检查与 A/C 开关相连的导线是否断开 ③检查 A/C 开关连接方式是否正确(搭铁,低电平:0~0.8V)起动压缩机,接高电平或悬空关闭压缩机
驱动控制器工作正常,压缩机不工作	压缩机无起动声音,电源电流无变化,高压端口电压不足或无供电	欠电压保护起动	关闭整车主电源 ①检查驱动控制器主电源输入接口处的接插件端子是否松脱 ②主电源到驱动控制器之间的导线是否断开 ③控制主电源输入的继电器是否正常动作
驱动控制器自检正常,压缩机不工作	压缩机起动时有轻微抖动,电源电流有变化,随后降为 0	①冷凝器风机未正常工作,系统压差过大,电机负载过大导致的过电流保护起动 ②电机缺相导致的过电流保护起动	①保证冷凝器风机正常工作,待系统压力平衡后再次起动 ②检查驱动控制器与电机连接的三相插头及相关导线,保证其接触良好及导通

表 6-12　PTC 加热器常见故障模式及排除

故　障	现　象	原因及判断	检测及排除措施
PTC 不工作	起动功能设置后,风仍为凉风	①冷暖模式设置不正确 ②PTC 本体断路 ③PTC 控制电路断路 ④内部短路烧毁高压熔断器	①检查冷暖设置是否选择了较暖方向 ②断开高压插接器,测量高压正、负电阻是否正常 ③断开低压插接器,测量两极间是否导通 ④更换 PTC 及高压熔断器
PTC 过热	出风温度异常升高或从空调出风口嗅到塑料焦煳气味	PTC 控制模块损坏粘连而不能正常断开	关闭制热功能,断电检查 PTC 加热器及 PTC 控制模块

参 考 文 献

[1] 瑞佩尔. 新能源汽车结构与原理 [M]. 北京:化学工业出版社,2019.
[2] 杨光明,陈忠民. 电动汽车动力电池及管理系统原理与检修 [M]. 北京:化学工业出版社,2019.
[3] 杨光明,姜琳晖. 电动汽车电驱动系统原理与检修 [M]. 北京:化学工业出版社,2020.
[4] 杜慧起. 新能源汽车维修从入门到精通 [M]. 北京:机械工业出版社,2019.
[5] 程夕明,张承宁. 新能源汽车功率电子基础 [M]. 北京:机械工业出版社,2018.
[6] 何洪文,等. 电动汽车原理与构造 [M]. 北京:机械工业出版社,2012.
[7] 吴兴敏,张博,王彦光. 电动汽车构造、原理与检修 [M]. 北京:北京理工大学出版社,2015.